HISPANIC IMMIGRANT WRITERS AND THE FAMILY

ESCRITORES INMIGRANTES HISPANOS Y LA FAMILIA

OLLANTAY PRESS
LITERATURE/Conversation Series, Vol. II

Editor:
SILVIO TORRES-SAILLANT

Book Designer:
GERMAN BARON

Published by
**OLLANTAY Literature Program.
OLLANTAY Center for the Arts, Inc. is a publicly supported non-profit, tax exempt corporation dedicated to the promotion and preservation of the Latin American culture and art in New York City.**

Executive and Artistic Director
PEDRO R. MONGE

Coordinator, Literature Program
SILVIO TORRES-SAILLANT

Literature Advisory Committee
**LOURDES GIL
ED VEGA**

Proofreading Assistants
**MIGUEL FALQUEZ-CERTAIN
HAYDEE SANTALLA**

Photography
MANNY VARGAS

Typesetting
QUAD LEFT, INC.

OLLANTAY Center for the Arts
**P.O. Box 636
Jackson Heights, N.Y. 11372
(718) 565-6499**

Copyright © 1989
OLLANTAY Center for the Arts

**OLLANTAY PRESS
PEDRO.R. MONGE, Editor-in-Chief**

All rights reserved. No part of this publication may be reproduced, stored in a retrieval system, or transmitted, in any form or by any means, electronic, mechanical, photocopying, recording, or otherwise, without the prior written permission of the publisher. Printed in the United States of America.

**Library of Congress Catalog Card Number: 89-63648
ISBN: 0-9625127-29**

CONTENTS/SUMARIO

Foreword/**Presentación**	PEDRO R. MONGE	1
Introduction/**Introducción**	SILVIO TORRES-SAILLANT	5

Literature/**Literatura**

CARLOS RODRIGUEZ MATOS	**EL CARGAMENTO**	13
	Including his poems:	
	• Ríos	17
	• Canción de tumba para el camino	
	• Jugando a las muñecas	18
	• Mater	
	• Quise parir	
	• Ahí, ocupando el lugar	19
	• Muerte Madre	20
	• Rezo atávico	
	• Cero	21
	• Uno	22
	• Dos	
	• Tres	23
	• Por si acasa	24

MANUEL MARTIN	HOW THE CUBAN REVOLUTION HAS AFFECTED THE FAMILY AND SUBSEQUENTLY THE WORK OF THE CUBAN PLAYWRIGHT	31
	Including excerpts from his plays:	
	• *Swallows*	34
	• *Union City Thanksgiving*	39
NORA GLICKMAN	BICULTURAS VITALIZANTES	41
	And her short stories:	
	• **El último de los colonos**	45
	• **Tag-Sale**	51
	• **Dios salve a América**	52
JAIME MANRIQUE	INMIGRACION FAMILIAR COMO ESCRITURA	57
	And excerpts from his novel:	
	• *The Interpreter*	61
JOSE KOZER	ESTO (TAMBIEN) ES CUBA, CHAGUITO	69
	Including his poems:	
	• **Gramática de papá**	74
	• **Mi padre que está vivo todavía**	76
	• **Te acuerdas, Sylvia**	77

Conversation/**Conversación**

The Writers and the Audience/**Los escritores y el público** 79

An effort has been made throughout this book to preserve the style and the linguistic peculiarities of the speakers. Likewise, as no attempt has been made to censor controversial statements, it should be clear that the opinions contained in this volume are those of the speakers.

FOREWORD

With the appearance of this second volume of the Literature/Conversation Series, *Hispanic Immigrant Writers and the Family,* **OLLANTAY** Press continues its commitment to promote the creative productivity of the vast community of Latin American writers living in New York through the publication of literary criticism and studies, anthologies, and individual works.

Latin American writers living in the United States have yet many a question to answer and many a problem to solve. **OLLANTAY** Press offers the statements generated by our literary encounters to foster discussion, with the purpose that some will be rejected and others will be further explored. Thus, this text ought to be seen as an attempt on our part to inform scholars, writers, and the general reader and invite them to ponder about various important issues regarding the specific community of writers that we serve.

We began the Literature/Conversation Series with the publication of the proceedings from our panels and conferences in our twelfth season, corresponding to the year 1988-1989, in which we dealt with the influence of the immigrant experience on the literary production of the Latin Americans who live in the area of New York.

We believe that with the study and the dissemination of this literature, we may help to make it visible in the arena of United States literature as well as in the literary circles of the Latin American countries, while also shedding light on aspects of it often unknown.

A community shows it has some power in the extent to which it understands and exhibits its cultural identity. **OLLANTAY**, for the first time in the cultural life of our area, undertakes a systematic propagation of the literary tradition of those Latin Americans who, either permanently or transitorily, reside and work in the New York area. We are now presenting this literature in the uniqueness of its own identity and its universality. For one does not reach the universal but through the particular as writers such as O'Neill, García Lorca, and García Márquez have done. The Latin American writer in the United States faces the ambivalence of being in the middle of North American literature and Latin American literature, with the cultural duality that that implies.

In the present volume we can observe the Latin American immigrant family, so multifaceted and so complex, through the result of a panel organized by **OLLANTAY** with the participation of 5 writers, differing greatly in their cultural backgrounds, their points of view, and the literary genre that each one practices. The interest of the community in this literature can be gathered from the enthusiasm with which those present responded to the presentations by the writers. It was very interesting to hear the audience speak. I assume it will be equally interesting for all to read their comments which we have transcribed here. In their transcription, the editor has sought to preserve their informality, their oral texture, and the peculiar color of those who live in the midst of two very different codes of linguistic expression. Life in New York provides the immigrant with new "sounds" that contribute to the formation of a new "culture," feeding from the idiosyncracies of the anglo world and from those of the Latin American countries, which, no doubt, seriously impacts on family life.

Pedro R. Monge

PRESENTACION

Con la aparición del volumen dedicado a la identidad de los inmigrantes "hispanos" y con la publicación de este segundo volumen, la Editorial OLLANTAY continúa la difusión de análisis y críticas literarias, así como antologías y obras individuales que, analizadas con cuidado, nos informan de las principales realizaciones de la comunidad de escritores latinoamericanos del área de Nueva York.

Los escritores latinoamericanos de Estados Unidos, que escriben en inglés o español, aún tienen muchas preguntas que contestar y muchas cuestiones que resolver. La Editorial OLLANTAY las plantea para que se vayan discutiendo, para que algunas sean rechazadas y otras sean profundizadas. Por lo tanto, debe entenderse que sobre todo, éste es un intento de poner al día a los estudiosos, a los escritores y al público lector, invitándolos a reflexionar acerca de los distintos puntos importantes de la creación literaria que nos ocupa.

Comenzamos la Serie Literatura/Conversación con la publicación de los encuentros de escritores que realizamos en nuestra duodécima temporada, la de 1988-1989, cuando tuvimos por tema la influencia del fenómeno inmigratorio en la creación literaria de los latinoamericanos que residen en el área de Nueva York.

Consideramos que a través del análisis y difusión de esta obra literaria, la hacemos visible dentro del campo de las letras estadounidenses y latinoamericanas, a la vez que presentamos un aspecto de las mismas, muchas veces desconocido.

Una comunidad da muestra de poder en la forma en que asume y realiza su identidad cultural y OLLANTAY, está dando vida sistemática a un cordón permanente en el tiempo y a la divulgación de la herencia social y a la tradición de los latinoamericanos que, en forma permanente o no, residen, trabajan en Nueva York y mantienen un común denominador que ahora presentamos con identidad universal; pues lo universal es algo que no se alcanza a voluntad sino a través de las obras más locales, como entre otros, lo hicieron O'Neill, García Lorca y García Márquez. En el escritor latinoamericano de Estados Unidos se presenta la dualidad de ser parte de la literatura angloamericana y de la latinoamericana con el arrastre cultural que eso significa.

En este volumen podemos analizar a la familia latinoamericana emigrante, tan compleja y tan polifacética, a través de la intervención de cinco escritores, de distintas procedencias y de distintos puntos de vista. Podemos darnos cuenta del interés de la comunidad que, con carácter informal, debatía asuntos de envergadura. Fue interesante escuchar la opinión del público. Estoy seguro de que es interesante leerla, teniendo en cuenta que hemos tratado de conservarle el colorido propio de los que vivimos dentro del mundo de expresión de dos idiomas tan distintos. La vida del inmigrante de Nueva York adquiere "sonidos" que pueden llegar a convertirse en una "cultura" distinta, que se nutre de la idiosincracia anglo y la de los países latinoamericanos; el inmigrante aprende un nuevo comportamiento social y metafísico que, sin duda, influye en la vida familiar.

Pedro R. Monge

EDITOR'S INTRODUCTION
WRITING THE DRAMA OF THE HISPANIC IMMIGRANT FAMILY

The family, as an institutional component of society, undergoes decisive transformations when immigration occurs. The relationship between parents and children, between siblings, and between spouses changes significantly when the rupture of immigration takes place. The Hispanic community in the United States offers abundant illustration of that process. For instance, a Columbian woman who in her native land was submissive to her man may, upon arriving in the United States, learn the ropes with which to survive in the new abode sooner than he does.

The case may also be that when a couple comes to the United States from Latin America, the woman either has better luck in the job market or possesses a more marketable skill than the man. She would, as a result, become the more reliable source of income, the more dependable breadwinner, in the household. It is reasonable to suppose that the traditional nature of their relationship would suffer noticeable alterations. For, with the perceptible economic superiority of her position, she may now have the option to deny the traditional hierarchy which places the man at the highest pinnacle of authority in the household.

Similarly, it often happens that children, because of their fresher minds, become adapted to the new immigrant space more quickly than their parents do. In most cases, children, through the acquisition of English, learn North America before their parents do. Parents, as a result, tend to become dependent upon their children for translation, thus yielding to their children the control of a crucial vehicle of potential access to the mainstream American society. Consequently, parents can no longer graduate their offspring's access to information, which is usually the means through which parental authority is legitimized.

Issues of dating, a child's privacy, or the hour until which it is proper to allow a youngster to remain outside, become sources of stress for Hispanic immigrant parents. Informed by mental structures that correspond to a traditional Latin American socialization process, these parents, unable to raise their children as their parents raised them, find that the very idea of child rearing gets transformed by the variables resulting from the experience of immigration.

The family, in short, is not left intact when people migrate. Social scientists have made that very clear. But we, in **OLLANTAY** Center for the Arts' Literature Program, wanted literary artists to pronounce themselves in that respect also. For that reason, on December 11, 1988, we brought together five Hispanic immigrant writers from the New York area to discuss the role of the family in their literary creations in a panel which was part of our year-long project to explore the relationship between the immigrant experience and the literature of Hispanics in the United States. We believe that literary artists, whose art consists primarily in finding an effective mode to use words to chronicle the human drama, are in an advantageous position to shed light on the travail of the family in the context of immigration. We can expect a notable fund of insight in that respect particularly when, as in this case, the writers themselves have migrated and seen their own families go through inevitable mutations.

The writers referred to here are: Carlos Rodríguez Matos, a Puerto Rican poet; Manual Martín, a Cuban playwright; Nora Glickman, an Argentinian short fiction writer; Jaime Manrique, a Colombian novelist; and José Kózer, a Cuban poet. Their presentations in the panel, consisting basically of short statements addressing the issue of the Hispanic immigrant family and selections of their creative work illustrating the topic in question, have all been gathered in this second volume of **OLLANTAY**'s Literature/Conversation Series. The book, as in the previous one, includes the transcription of the enthusiastic exchange between the writers and the audience which took place during the panel. It should be clear that in the transcription we have sought to preserve the orality, spontaneity, and sometimes the incidentality of the speakers' words during the final exchange.

Upon reading these texts, one is hard put to recognize the ability of our literary artists to highlight aspects of the human experience that would be difficult to capture by specialists in other kinds of discourse. Rodríguez Matos uses the biblical *topos* of the Holy Family to delve into the complexity of his own immigrant family background. His poems, developing a voice that immerses itself deeply into the realm of the erotic, explore this theme in a way that openly challenges conventional views of family relationships. Likewise the characters in Martín's plays derive most of their dramatic depth from the trauma of their experience as immigrants. It is the socio-cultural conflicts between those Cubans who came to the United States and those who remained back home, existing in two opposing political poles, as well as the tensions between different generations of Cubans here, what causes Martín's characters to come to life as recognizable human entities.

The statement and the poems of José Kózer elucidate still another aspect of the immigrant experience of the Cuban family. His ancestors are Jews who went to Cuba after enduring an earlier emigration. The speaker in Kózer's poems exhibits the mood of one who seems to have come to terms with a condition of permanent exile.

The words and the stories of Glickman further explore the particularity of the Jewry in Latin America. The themes evoked in her texts manifest the vision of one for whom immigration opens wider geographical and cultural horizons. She is particularly prepared to reap benefits out of the immigrant experience probably because, the child of Jewish ancestors who migrated to Argentina early in the century, there is in her family a long line of successfully adapted migrants.

Manrique's presentation further complicates the experience of Hispanic migrants. He, who writes his novels in English, has perhaps made a more conscious attempt than many to become acclimated to the receiving society. That much at least can be deduced from the difficult task of brandishing the language of the land in his literary production. Yet, few of those who write in Spanish have enacted as he has the problems of drugs and AIDS which pose such an immediate threat to the Hispanic family in the United States.

Clearly, then, through each of the writers included in this volume we gain access to one side of the multi-faceted drama of the Hispanic family as it encounters the drastic modifications brought about by immigration.

Silvio Torres-Saillant

INTRODUCCION DEL EDITOR
ESCRIBIENDO EL DRAMA DE LA FAMILIA INMIGRANTE HISPANA

La familia, como componente institucional de la sociedad, experimenta tranformaciones decisivas cuando ocurre la inmigración. Las relaciones entre padres e hijos, entre hermanos y entre cónyuges, cambia significativamente cuando se da la ruptura de la inmigración. La comunidad hispana en los Estados Unidos ofrece ilustración harto suficiente de ese proceso. Por ejemplo, una mujer colombiana que en su tierra natal haya sido sumisa a los dictámenes de su marido, puede que, al arrivar a Estados Unidos, llegue a dominar los recursos de supervivencia en el nuevo suelo mucho antes que él.

También puede suceder que cuando una pareja viene de Latinoamérica a los Estados Unidos, la mujer tenga más suerte en el mercado de trabajo o posea una destreza más rentable que la del hombre. Ella, de ser así, se convertiría en la fuente de ingresos más segura, en el origen más fiable de la mantención del hogar. Se puede razonablemente suponer que la naturaleza tradicional de su relación experimente alteraciones notables en ese sentido. Pues, con una posición económica perceptiblemente superior, ella puede ahora optar por rechazar la jerarquía tradicional que ubica al hombre en la más alta cúspide de la autoridad doméstica.

Asímismo, sucede a veces que los niños, debido a la mayor frescura de sus mentes, se adaptan al nuevo territorio con más celeridad que sus padres. En la mayoría de los casos, los niños, mediante el aprendizaje del idioma inglés, absorben el modo de vida americana antes que sus padres. Estos padres, por consiguiente, tienden a depender de sus hijos para toda traducción, cediendo así a estos el control de un vehículo crucial para conocer la sociedad receptora. Resulta de ahí que los padres ya no pueden graduar ni impedir el acceso de sus niños a la información, que es el método empleado a menudo por los padres para legitimar su autoridad.

Asuntos relativos a la privacidad de los niños, la forma de proceder con romances, o hasta qué hora de la noche se les pueda permitir permanecer afuera, se vuelven verdaderos motivos de ansiedad para los padres inmigrantes hispanos. Orientados por estructuras mentales correspondientes a un proceso de socialización latinoamericano tradicional, estos padres, impedidos de criar a sus hijos como ellos fueron criados, encuentran que la idea misma de criar hijos es transformada por las variables que se desprenden de la inmigración.

La familia, dicho brevemente, no queda intacta cuando la gente migra. Los científicos sociales lo han hecho ver claramente. Nosotros, en el Programa de Literatura de OLLANTAY Center for the Arts, hemos querido que los artistas literarios también se pronuncien al respecto. Por esa razón, el día 11 de diciembre de 1988, juntamos a cinco escritores hispanos, inmigrantes todos, que residen en el área de Nueva York para discutir el papel de la familia en sus obras literarias. Constituyó este encuentro un panel de la serie dedicada a nuestro proyecto de todo el año: la exploración de la relación existente entre la experiencia inmigratoria y la literatura de los hispanos en los Estados Unidos. Pensamos que los artistas literarios, cuyo arte consiste principalmente en encontrar un modo eficaz de juntar palabras para narrar el drama humano, están en una posición afortunada para arrojar luz sobre las peripecias de la familia en el contexto de la inmigración. En tal encuentro bien sabíamos que podíamos contar con un rico caudal de ideas, sobre todo cuando, como es el caso aquí, los escritores mismos han vivido la inmigración y han visto a sus propias familias padecer las inevitables mutaciones.

Los escritores a quienes nos referimos aquí son: Carlos Rodríguez Matos, un poeta puertorriqueño; Manuel Martín, un dramaturgo cubano; Nora Glickman, una cuentista argentina; Jaime Manrique, un novelista colombiano y José Kózer, un poeta cubano. Sus presentaciones en el mencionado panel, compuesta básicamente de breves ponencias en torno al tema de la familia inmigrante hispana y selecciones de sus textos creativos ilustrando dicho tema, han sido reunidas en este segundo volumen de la Serie Literatura/Conversación de la Editorial OLLANTAY. Este libro, como el que le precedió, incluye la transcripción del entusiasta intercambio entre los escritores y el público que se desarrolló al final del panel. Demás no está decir que en la transcripción hemos procurado preservar la oralidad, la espontaneidad y, a veces, la incidentalidad de las palabras de los participantes en el diálogo final.

Al leer estos textos no puede uno dejar de reconocer la gran habilidad de nuestros artistas literarios para poner de relieve aspectos de la experiencia humana que a especialistas de otros tipos de discurso les sería difícil de manejar. Rodríguez Matos usa el *topos* bíblico de la Sagrada Familia para urgar en la complejidad del trasfondo inmigratorio de su propia familia. Sus poemas, cultivando una voz que desciende profundamente al campo de lo erótico, exploran el tema de una manera que abiertamente cuestiona las nociones convencionales de las relaciones familiares. En ese mismo orden, los personajes de las obras de Martín, extraen la mayor parte de su profundidad sicológica del trauma en que les coloca su experiencia de inmigrantes. Es el conflicto socio-cultural entre los que vinieron a Estados Unidos y los que se quedaron en Cuba, su ubicación en polos políticos opuestos, así como la tensión entre distintas generaciones de cubanos aquí, lo que hace que los personajes de Martín cobren vida como entidades humanas reconocibles.

La ponencia y los poemas de Kózer esclarecen todavía otro aspecto de la experiencia inmigratoria de la familia cubana. El procede de antepasados judíos que llegaron a Cuba después de sobrevivir una emigración anterior. La voz que sobresale en los poemas de Kózer refleja el espíritu de quien parece haberse resignado a la condición del exiliado permanente. Las palabras y los cuentos de Glickman siguen explorando la particularidad de las diáspora judía en América Latina. Los temas evocados en sus textos manifiestan la visión de la persona para quien la inmigración abre horizontes geográficos y culturales más amplios. Ella se presenta especialmente equipada para sacar beneficios de la experiencia inmigratoria seguramente debido a que, descendiente de ancestros judíos que migraron a la Argentina a principios de siglo, cuenta en su familia con un largo linaje de inmigrantes existosamente adaptados.

La presentación de Manrique introduce otra dimensión en cuanto a la complejidad de la situación de los inmigrantes hispanos. El, quien escribe sus novelas en inglés, quizás más que muchos, ha hecho un esfuerzo consciente por aclimatarse a la sociedad receptora. Por lo menos eso se puede deducir de su laboriosa tarea de blandir la lengua inglesa en su producción literaria. Sin embargo, pocos de los que escriben en español han llegado a poner sobre el papel como él lo ha hecho los problemas de las drogas y el SIDA que amenazan tan severamente a la familia hispana en los Estado Unidos.

En fin, a tavés de cada uno de los escritores incluídos en este volumen tenemos acceso a una parte distinta del complejísimo drama de la familia hispana al enfrentarse con las modificaciones drásticas que se desprenden de la inmigración.

Silvio Torres-Saillant

EL CARGAMENTO
Carlos Rodríguez Matos

P uerto Rican poet, living in South Orange, New Jersey, Carlos Rodríguez Matos is the author of two volumes of poetry: *Matacán* (Madrid: Playor, 1982) and *Llama de amor vivita: Jarchas* (South Orange, New Jersey: Ichali, 1988). He also published a scholarly study of medieval literature, *El narrador pícaro* (Madison, Wisconsin: Hispanic Seminary of Medieval Studies, 1985).

A frequent speaker on contemporary Puerto Rican poetry, he has also won the Flor de Plata prize sponsored by Instituto de Puerto Rico en Nueva York for his poem "Tambor de Llanto". Rodríguez Matos is currently an Associate Professor of Spanish in Seton Hall University where he formerly chaired the Department of Modern Languages.

Cuando Silvio Torres, hermano dominicano, me invitó a leer una selección de mis poemas en una actividad titulada "Escritores latinos frente a la familia como institución en el contexto de la inmigración", casi se me sale un estridente y rotundo NO. Como el pequeño filósofo Azorín, sangré por la llaga del recuerdo y volví a sentir el terror que en plena pubertad me produjo la conciencia del inexorable pasar del tiempo: el terror de crecer. Porque crecer implicaba, conllevaba, era lo mismo que casarse y tener hijos. Y yo sabía, lo supe desde ese limbo que es el siempre, que nacarile del oriente; que no podría — o lo que es igual, no querría — casarme; y sabía — o lo que da igual, creía, — que tendría que pagar por no querer — o no poder, que es lo que entonces creía. Y no por falta de amor, sino todo lo contrario, por un amor que tropezaba con la visión que tenía yo del mundo adulto y que el mundo a mi alrededor tenía del amor. Porque era el amor y no el sexo la gótica fantasma que en la curva próxima me salía con el jacho. Y allí me quedé plantado, en el limbo del siempre que se moría por llegar a nunca. Pero dije SI; y aquí estoy. Asustado todavía, pero estoy. Y aunque de muchas maneras, Yo sigo siendo Aquél, no he de cantar Qué sabe nadie, porque sí sé lo que me gusta y no me gusta en el amor; con todo y jacho.

Confieso que por lo menos dos veces en mi vida, por más de medio segundo, dudé; y confieso que tenía escrito otro principio; pero mientras pujaba el resto, me dio con mirar al plafón a ver qué caía; y allá en huída se me presentó la Sagrada Familia. Pensé en los anuncios que oía en el barrio Cedro Arriba de Naranjito, Puerto Rico: Eastern, las alas del hombre; Pan Am, vuele ahora y pague y pague y pague; Salga boricua, llegue spik y regrese nuyorican; desde la nubes, observe qué gorditos los tiburones; cómo alimenta la desesperación. Agarrada la imagen, vi que el angelito del exilio perdió un ala en el viaje; sería para confundirse con los hombres, con la humanidad quiero decir. También vi que José viste de morado, *lavender*, color símbolo de mi hermandad. ¡Jum!, pensé con jíbara sagacidad. ¿Qué llevarán en esos paquetes? Es obvio que locos de contento con el cargamento no van. ¡Ajá! No, no creo. ¿Qué tal si llevan los poemas que les voy a leer? Fíjense en lo cerquita que están del rabo. Esta familia viene de las montañas de La Isla del Encanto, la que otrora fuera Vitrina de la Democracia, ahora The Shining Star of the Caribbean, terruño y terrazo, terrón territorio que los yankis le compraron entre comillas a La Madre Patria — madre que sus hijos vende —en 1898, Pororico usaá, ya saben. Así que vendrá cargada de pasteles, morcillas, dulce de papaya o de lechoza y de naranja en orejas y en barras, y café del que bebían los Reyes de España y el Papa de Roma. Y para saltar el charco, la tabla negra debe ser La Salvación, el ancón de Mayagüez a Santo Domingo que estos buenos palestinos desviaron rumbo a la estatua. Lo que a José le cuelga es una bomba. Pero no. Puede que en los paquetes haya yerba, por si la víspera los coge en aire o mar, entre Colombia y México, o en el desierto chileno. Sea lo que lleven, sus explosivos traen; y también agua dulce; que ambos sirven para los males de desierto, o cuando se está en las nubes entre el Empire y el World Trade, o a la deriva en el otro Barrio.

Miren bien a esta doña, que si no se acomoda la va a tumbar la mula. Sosténganla. Ella carga el mombillo, el tesoro, la fuente: leche virgen, leche madre, leche de madre virgen, leche inmunizadora. Chuíto sobrevivirá aire, mar y desierto. ¿No han visto al pato Donald muriéndose de sed en las dunas? De la nube de la fantasía brota un chorro en perfectísimo arcoiris. Como el recuerdo de mamá. Ella da la vida; y la muerte; porque, todos sabemos, ambas vienen en el mismo paquete, enyuntadas como pasteles.

En mis poemas, madre y muerte se aparecen juntas. Pero no preocuparse, porque la muerte es señal de vida, como el fuego. Así que comienzo mi lectura por donde todos nacemos, por la madre a morir. De mi primer libro, *Matacán*, les leo:

RÍOS
El cuarto de mi madre
se ha llenado de cántaros.
Dice salvar un río
que muere cada año.

El cuarto de mi madre
se llenó de retratos
de todos los que he sido
y éste que soy pasando.

El cuarto de mi madre.
¡Qué cementerio ingrato!

CANCIÓN DE TUMBA PARA EL CAMINO
Andando, andando,
que la muerte te va ayudando.

Tomándote la mano
los pasos de la muerte
te guían niño.

Te tienen gran cariño.
—Definitivamente.

Los brazos de la muerte
alejan muchos pasos.
Su lengua hace muecas.

Sobre hojas secas
tan lento me retraso.

—tan prolongadamente.

Andando, andando,
que la muerte está esperando.

JUGANDO A LAS MUÑECAS
La muñequita sonríe,
guiña,
extiende los bracitos
a la niña
que le cambia pañales
y peinados,
le da para que llore,
para que ría la tuerce
y le hunde el ombligo
para que diga "mamá".

MATER
¿Por qué no te sacudiste el polvo,
madre materia,
el día que te levantaste concienzuda
y te llamaste hombre?

De *Mamamuerte y Amor*, un libro en proceso, leo:

QUISE PARIR
Quise parir un tigre y me salió esta hostia.
Me di a afilarle garras, a pintarle rayos,
a prenderle volcanes en los ojos,
a ensayarle el aullido más temible,
a cultivarle hambrunas de heladas y desiertos,
a hincarle el miedo entre ceja y ceja,
a dormitar entre la madre herida y el cazador,
a ocultarse en la entraña del cadáver,
a desollar al padre,
a castrar a los dioses que traen comida y soga;
pero seguía oliendo a carne de cordero,
a sangre de uvas,
a seis mil años de polvo y tinta;

Y en arrebatos de derrota y rabia, me la tragué.
Hoy desbarata
los cajones de guardar la vida
que a ratos fui cosiendo
en caso de que un día
me atreviera a ponérmela
y salir.

AHI, OCUPANDO EL LUGAR
Ahí,
ocupando el lugar más mínimo posible del sofá,
encogidita,
el viejo frio de la timidez
acurrucándola
en el caracol de los años,
agarrada al rosario con que anuda oraciones y
recuerdos donde el recién nacido se vuelve
por nacer si no se ha muerto por morir
o por llevarlo meses
el monstruo que la tira al suelo
y le chupa la vida
y le pincha la panza
y le aleja el marido
y le endulza la leche
y le escribe un poema
sobre esta ola que voy a echar al mar
y acabará uniéndonos como tu sangre.

ENVIO
Madre mía y de ti y de la mirada
del abrazo placenta placentera
de la matriz de amor en que te adentro
con tu vida y tu muerte con las mías
tenme.

MUERTE MADRE
II. MADRE

Vi sonreir a un sabio exigiendo ironía:
alas a la poesía, al arte alas.
Y vi a mi madre
de luto y con sombrilla
bajo cables y rayos
detrás una estampida de murciélagos
yo al frente tiritando y su sonrisa
escampando la tarde
o al menos el pedazo al cual me entré
yo y la sombrilla
Las manos poderosas de mamá
rayos y truenos apartando
Deleitosa vereda el aroma caliente del amor
En la única esquina sin goteras, mis hermanos
y mi madre de luto y con sombrilla
nos cubre a todos
en el más perfectísimo encuentro
donde no hay nada   más   que recordar.

El padre está presente en mis poemas sólo en ausencia. (El arte imitando a la vida.) Aunque hay en *Matacán* un poema que dedico al patriarca mayor:

REZO ATAVICO

Padre nuestro que estás en los genes
no identificado es tu nombre;
manda en nosotros tu imperio;
se hace tu antojo y voluntad
en agua, tierra y cielo.

El pan vuestro cada día
nos das sin faltar.
No se te escapa nadie:
los que no te perdonan
ni aún los que te niegan.

No nos dejas caer en la inercia del vuelo:
con suma gravedad nos estrella tu reino.
No nos libras de mal ni de bien.
Como a asnos pura sangre nos cabalgas
por los siglos de los siglos
con amén indicativo
sin aleluyas.

Si un paquete es la muerte, el otro es el amor. (Hablo de los paquetes que trae—o lleva—la sagrada mula.) Aquí se vienen (a la mente) PanDora con su caja irremediablemente abierta, Prometeo con su fuego, encadenado y comiéndole el intestino cada pájaro que pasa, Eva y Adán con la fruta comida, el pastor Ganímedes con su cayado erguido hacia el Olimpo, dándole alas a Zeus, los tres africanos con sus paquetes para Chuíto, Platón con sus esferas partidas. Pero tanto no cabe aquí. De modo que debo precisar lo que entiendo por amor. Una fuerza, una energía algo as como nuclear, química sin duda, empolvada por poetas, teólogos, filósofos y toda clase de paqueteros; pero todavía capaz de cumplir su función, si es que tiene una función, la cual no es la procreación, sino la creación y/o la transformación.

La primera gran transformación a que aspira la fuerza amorosa es la completez o enteridad del enamorado en sí mismo; la segunda es la suma de los dos enteros; la tercera, romper la viciada circulación de la fuerza amorosa entre el uno y el otro. Aquí entra el tres. No aspiramos a encontrar otra mitad para crear una especie de fruta frankesteniana bien o mal remendada. El mejor regalo que le puedo ofrecer a la persona amada es mi imperfecto yo entero y el "raincheck" de la perfección como vía, compartida a ratos, pero no cosidos uno al otro, como muñecos de trapo con alma de sobras de repollo. El amor no es un fin. El otro no completa a uno ni el uno al otro ni al tercero. Cada uno es uno y nada más y nada menos. En mi libro *Llama de amor vivita: jarchas* intento expresar estos disparates a través de dos códigos poético-amorosos: la poesía mística de San Juan de la Cruz y los poemitas mozárabes que poetas musulmanes y hebreos de Córdoba añadían al final de sus culteranas composiciones. Yo, como los mozárabes, pertenezco a lo que llaman una minoría lingüístico-cultural (lengua romance, cultura latina) en una metrópolis (Córdoba árabe, New York, NY). Y como ellos y el santo, dirijo mis poemitas de amor a un amado. El libro se estructura a base de cuatro etapas: "Cero", "Uno", "Dos" y "Tres". En este sentido, se trata de un poema narrativo. Leo de CERO:

    Mi cuarto es una caja en el sepulcro.
    Es hastío un avance de metraje perpetuo.
    La cama, la comida, la música mejor
    se sobran.
    Y de la televisión ni hablar:
    allí la chispa de la vida es Coca-Cola.
    Los instintos aseguran que esto no es vida,
    que un asno goza más.
    Las horas son una caravana de tortugas prehistóricas.

De UNO:

Vi su sonrisa.
No tuve para más.

Ahora recordaré el día que hablamos:
ola de holas.
Por la acera tras él,
el revolú de mis temores.

Por la ventana veo árboles, casas, gente, una calle,
niños correteando allá abajo,
maripositas entre la yerba,
nubes paciendo gordas y pintas,
pedazo azul de cielo
infiltrando un sorbeto de luz
por la ventana de mi amado.
¿Quién bebe a quién?

Le pedí al municipio que envíe el truck de la basura.
Botaré tanto aparato que atapona mi casa:
tanto pelapapas, mondachinas, rebanatomates, abrelatas...
todo electrónico.
Desecharé también tanta novelería...
Mi casa quedará casi vacía.
Sólo lo imprescindible.
Mi amado la llenará con su presencia.

De DOS:

En ascensor subo tan alto;
y total para qué.
Sólo me elevo
a estas cuatro paredes
donde cuelgo los saltos.

Si digo que no quiero
chupar sus labios,
verme en sus ojos,
lamer su piel,
sorber su aliento,
grabar su aroma,
guiar su lengua,
meterlo adentro,
miento.

El sol asalta un lecho para dos.
Al desayuno, siempre ayuno las ganas.
Al almuerzo, sólo acuden las ganas
y el desencuentro.
A la cena, aún me quedan las ganas.
Quedan la noche,
la cama para dos,
manos callosas,
luna mirona,
y esperar.

De TRES:

Bendito él,
que no viene
en nombre del señor
ni del partido
ni de la Cía

ni del Amor.

Se deja contemplar;
y si se llega a veces
casi al roce
eleva alas.
¡Prende entre carne y hueso
un ansia de volar!

Uno
tan sólo
llegó;
los otros
se volvieron
en el recuerdo
vocerío,
en la busca
susurro,
en el deseo
uno.

Tanto paquete necesita rancho. Estoy trabajando en un libro que por ahora se titula *Por si acasa*, obvia combinación de "por si a casa" y "por si acaso". Tiene carácter narrativo, como *Llama de amor vivita*, pero no es lineal. Tanto el hilo narrativo como las voces — y también el poeta — se enredan. Parte de lo que se cuenta es la toma de una casa por parte de una pareja, o más exactamente, la toma de la pareja por parte de la casa, que es el personaje central, junto a "Por si acaso" y las dos parejas, que constituyen la siempre incompleta familia del poema. Pero antes de leer, quiero repetir la tan citada frase del exiliado poeta Wenceslao Milosz: "Language is the only home (run)," en otras palabras: "La lengua es otro paquete; el mayor, el unico que nos carga; es la mula que tumbó a la virgen que todos hemos sido remediablemente".

Por eso en *Por si acasa* trato de darle rienda suelta, como al caballo viejo Simón Díaz, a ver si bambolea y me alborota la casa donde toditos mis fantasmas nos desnudemos las alas, estropeadas de tanto huir, confundidos en tanta humanidad: mujer, hombre, palabras. Las palabras: la más cainesca de las familias.

De *Por si acasa...*:
I.
La sombra de la casa fue primero;
antes el muro.
De ahí saltó
una tarde sin nubes
una tarde sin prisa
una tarde sin hábitos velando
una tarde de sol de primavera.

Luego el balcón
colgando de otra tarde

clavando a una pared
cuatro ventanas muertas
amaneció
una mañana en ruedas

por las que fue a instalar
una giba en el reino
de las horas

que aplastó grano a grano
instigando el tuétano a volcarse
de las uñas
al sopor pantanoso de otra tarde.
Ahí vació la aguja
su última dosis de concreto y hueso.
Luz de tarde que no da para llegar.
La noche se desborda por la pared
en el balcón.
De ahí saltó.
Dormitaba magnolias
memoriaba extravíos
extraviaba desvelos
la mecedora
meciéndose mecía
meciendo se mecía
mece que mece
mece. qué mece
las horas
la noche
los días
los meses
¿qué meses?
¿qué días?
¿qué noche?
La prisa rueda en la calle,
patea en la acera.
La brisa
trae su divisa
magnolias
rosas
crisantemos
helada
risa
fuego
hojas
vocerío de niños
noche de octubre
Bien Adentro

Habitación despierta.
Cruzan en banda
al tiempo que ausculta de reojo
apresuran el paso
en la otra acera.
Se acomosa la brisa
en el glacial.

II

Luego vino la casa.
Primero fue la imagen.
Ella le entretenía
los domingos. Del parque
recogían aromas
y cánticos y sombras
para el jardín de afuera.
El recogió maderas.
Ella erigió paredes
con ventanas.
Cuando llegó a habitarlas,
le encontró la medida
a su deseo.
Ellos fueron hermanos
con la casa;
crecieron juntos los tres,
siempre los tres;
y aquella habitación
de por si acaso.

Llegaron todos.
Y se fueron.
Ellos también;
los dos.
Primero ella un lunes
después de entretejerle
mil domingos.

El perdió la visión
y dejó de invadir el calendario
su espera.

Entonces los papeles
el rótulo
la volvieron legal, real, vacía.

IV

El le mece los días
entre silencios y hablas.
Ella alimenta el verde
y le teje un abrigo.
Ellos, los tres, se plantan

en medio de los años
a recibir las horas.
Afuera todos pasan.
Cuando los niños rondan,
los cuatro danzan.

VIII

Un día ella despertó cantando.
Suspendido a la flor el colibrí
le zumbó adentro la certeza.
Ella volvió a tenderse junto a él.
Almíbares y las alas fluyeron
por el sol, por la flor y por el pico.
Al dolor le fraguó nido y panal.

Ese día por ese amanecer
a una mirada de esas
puestas a percibir
lo eterno y la belleza
en un segundo
tajado al ajetreo
le hubiera parecido
suspendida al pedazo
azul del cielo
a las ramas, al muro
un zumbador la casa.

X.

Le fue cediendo al tiempoespacio su estructura.
Se acomodó y a veces, a miradas, fue el cangrejo, la araña,
el colibrí, el canguro;
las más, el muro verde
desligándole el polvo de la prisa.
La prisa en el cemento, en el asfalto,
aplastó lo demás;
humo,
la neblina una tarde
indecisa entre el verde y el azul
ya casi ciego.
Fue creciéndole el muro lento lento
verde como fue firme la esperanza
como del leño a la ceniza experto.
Humo de prisa afuera
y polvo
de querer ser eterno.
Alrededor del por si acaso terco
la araña teje y teje
de las suyas.

XI

Desde allende los mares
le dijo al otro:
Detente. He ahí la casa
para los dos.
Desde allá la escuchaba,
la conocía.
Cuando el otro llamó
ya se había instalado.
Contaron siete noches,
siete caninos días.
Ella se ocultó en
su posición fetal
para esperarlos.
Cuando el otro volvió
se les hizo
la cama un lago inmenso
que remaron al vuelo
para alcanzarla.

Entonces fue apartar
el rótulo, las leyes
y encontrarse los Seis.

XIII

A la noche la luz
se florece hacia adentro
para amar su raíz
y no olvidar el nudo
al otro día
y no olvidar la noche
ni la luz,
cautelosa memoria
de moriviví.
Sólo el llanto de un crío
se le escurre en la savia
del abrazo y la sed
no sacia.

FIN de rollo

HOW THE CUBAN REVOLUTION HAS AFFECTED THE FAMILY AND SUBSEQUENTLY THE WORK OF THE CUBAN PLAYWRIGHT

Manuel Martín, Jr.

A Cuban playwright, actor and director living in Manhattan, Manuel Martín, who writes both in English and Spanish, is the author of many plays which have been staged in the New York area. Among them are: *Francesco: The Life and Times of the Cenci* (La Mama E.T.C., 1973); *Swallows* (INTAR, 1980); *Union City Thanksgiving* (INTAR, 1983, and DUO Theater, 1984-1985); *Fight* (DUO Theatre, 1986 and Public Theatre, 1986); *The Legend of the Golden Coffee Bean* (Kaufman, 1987).

Co-founder of DUO Theatre, Martín has conducted playwriting and acting workshops at Boricua College, INTAR Theatre, and the Puerto Rican Traveling Theatre. Recognized as an active voice in the Hispanic theatre of the area, he is also the recipient of a Fullbright Fellowship, a New York Foundation for the Arts Fellowship, a Cintas Fellowship, and the Walter Prichard Eaton Award.

F irst, I would like to briefly describe to you the cycle I went through at the beginning of my career as a playwright. Like most novice playwrights, I wanted to cover the "universal" themes, those I believed, at the time, would address the problems of man in general. Plays such as *Francesco: The Life and Times of the Cenci*, a work that dealt with violence and its chain reaction, and *Rasputin*, a play that dealt with man's concern with the true meaning of evil, were my attempts to join the turbulent but creative experimental theatre of the early sixties. My necessity at the time was to belong, without realizing the risk of being assimilated by a culture that was very different from my own.

With the advent of the Revolution and consequently the influx of thousands of Cubans to the United States, I began to re-evaluate my position as a playwright and more importantly as an individual. I arrived in the United States in 1956, and although I migrated to this country by choice, I soon began to feel the problems the Cuban family in exile faced as my own. I felt that my duty as a playwright was to report the objective truth about what had caused this massive immigration to the United States. But how could a playwright accomplish this? I had not witnessed the development of the Revolution. I had not experienced persecution or imprisonment, and the facts I knew had been supplied by family, friends or what was reported in books and newspaper articles.

Swallows, a docu-drama with music, was my first attempt at finding my own voice as a playwright and as a human being. Commissioned by the INTAR Theater, this theater piece was based on interviews with Cubans in Cuba and in the United States. In a very naive but heartfelt way, I tried to avoid politics and centered my work in how the Revolution affected the Cuban family. Inspired by the words of a Cuban refugee: "Our family was here before the Revolution," I attempted to balance through the interviews a selection of opinions with the pros and cons of that Revolution.

The eight interviews used were with individuals from very different backgrounds, housewives, writers, actors, office workers, peasants and political prisoners. The pain and resentment against the Revolution or against the counter-revolutionaries was overwhelming, but even paramount to that pain and resentment was the sense of loss and destruction that the Revolution had caused the family. In most cases families were divided and the pain was as great in the ones that were forced to leave as in the ones that had to stay (I am not excluding active members of the Cuban Revolution). One of the scenes that illustrates the clash between members of a family divided by political ideas is the scene between Herminia and her sister Dulce, when the latter decides to leave the country.

Act One - Scene Six

HERMINIA: So you want to leave the country.

DULCE: My God! News travels so fast.

HERMINIA: Let me tell you, if my mother sets one foot out of this country, I will consider her dead.

DULCE: If you were to change your mind some day and decide to go to the States, I will be the first one to open my doors to you.

HERMINIA: No, thank you. This is my country, and I'm not going to abandon it when it needs me the most.

GRANDFATHER: Herminia, let it ride. I think they have the right to choose.

HERMINIA: They? She is the one who wants to leave. Those children don't have any formed opinions yet. But you are going to be sorry. No one is going to stop this Revolution. Go! Don't ever look back.

DULCE: I'll go but I will never stop loving you. You see, Herminia, you are my sister, and our family was here before the Revolution...

HUSBAND:	And we were doing all right until they took over...
HERMINIA:	You shut up! If you had any authority in your home, you would stop my sister from destroying her family.
MOTHER:	Dulce, think about us. Your grandfather is going back to the hospital next week. We are getting older.
DULCE:	But my children are young and I don't want them to grow up under this system. We were a close family before. Look at our family now.
HERMINIA:	Why don't you say the truth. Everything was going fine until the Revolution touched your property. You don't want to share it with the poor, you don't want to teach the illiterate ones...
DULCE:	Our father was an honest man, worked for his money all of his life, built his property with his own sweat and blood. He left us his legacy. If you believe that money is the only thing I care about, you are mistaken. I was born naked, and God provided me well up to this point. So we are leaving Cuba the same way we were born. Do you know why? Because more than money and material things I really love freedom (*To the mother and grandfather*) Now, may I have your blessing?

Some of the characters decided to stay, just to preserve the unity of the family. Candida, an old woman who was a true counter-revolutionary, expresses her philosophy in her monologue:

CANDIDA:	He died that day. It sounds like a soap opera, but his heart couldn't take it. Forty years to build a business is a long time. Don't you think so? When my friend Xiomara and her husband were leaving for the U.S., she came here and asked me if I wanted to leave with them. I told my son Tito. Well, Tito is not my real son. I picked him up in the streets when he was seven years old. He used to sell balloons and newspapers. His family never took care of him, and for sure he was going to become a crook. Well, when I told Tito I was going to leave, he looked at me with his sad brown eyes and said: "What about me?" He just said that. So I didn't have the heart to leave him behind. He is now a marine biologist and more

communist than Fidel. But he is a good son, and I don't regret that I stayed. I think I was able to go through the years of Revolution, because I'm a religious woman. You know something, there is one thing that Fidel hasn't learned: that no leaf will stir on a tree without the will of God. (*Looking at the interviewer*) You are leaving so soon? Come back soon! (*Pause*) Next time bring chewing gum!

Lights fade out

One of the most contradictory characters in *Swallows* is José Ramón. José Ramón, like many Cuban children, was sent alone to school camps in Miami by his parents who were afraid the Revolution would take complete charge of him in Cuba. José Ramón was eventually reunited with his father but always resented the fact that he was too young to choose if he wanted to remain in the island. He visited Cuba when traveling was permitted to exiles. José Ramón's long search for identity, comes to a conclusion when he tells us of the first morning spent in Havana:

Act Two-Scene Nine

JOSÉ RAMÓN: When I went back to Cuba I stayed in a hotel across from the Morro Castle. I woke up at six o'clock in the morning, got up, opened my windows and there it was. The Cuban flag, alone, waving on top of the Morro Castle. When my parents sent me to school in Miami, I always saw the Cuban flag next to the American flag. I had never seen the Cuban flag alone in the United States. I became emotional and began to cry. Stupid, isn't it. But for the first time in my life I felt completely Cuban. I knew that over there no one was going to ask me "Where do you come from?" Anyway, if someone did ask me that question I would have answered: from Placetas, that's where I come from.

With *Swallows* I tried to find a solution to family division. It was not very realistic to think that a play could reunite a family that was separated not only by distance but also by ideology. The voices of two women, one that I interviewed in Cuba and the other one in the United States, still ring in my ears:

Act Two-Scene Ten

WOMAN #1: (*On the upstage area*) We are realistic. We don't dream. I can't offer you a happy ending—that's an illusion, like an American movie. Many Cubans left, but the ones who remained behind, the ones who stayed in school, graduated. We graduated and majored in reality.

...

WOMAN #4: (*On the downstage area*) There is no solution! Are you going to resurrect the dead? Tell me, are you going to give me back twenty-one years of my life? There is no solution as long as there is Communism in Cuba.

...

WOMAN #4: (*On the downstage platform*) Twenty thousand years are needed to erase the past!

In *Union City Thanksgiving*, I tried to delve much deeper into the problems confronted by a lower middle class Cuban family living in New Jersey. One theme that remains constant with most Cuban playwrights is that of the nostalgia for everything Cuban. Nenita, the youngest daughter in the family offers a different perspective to the revered memories of the family:

NENITA: (*sings and dances to the music on the radio*)
"Let's dance, the last dance
tonight,
Let's dance..."

Oh, I love Donna Summer
(*sings*)
"I need you
I need you..."

Doesn't this music "grab" you?
(*Nidia stops writing for a second, smiles and then continues*)
Before you know it your feet are dancing. All right! I wonder why I am the only one in this family who loves dancing. Don't you get tired of listening to those scratched Cuban oldies?

(*Nidia doesn't answer*)
>That's what I call Latin nostalgia. I live today with very few memories of the past. It's like a movie. A long strip of celluloid and certain frames are missing. Suddenly the picture jumps. Hey! I want my money back! Am I forgetting? Do I really care? I'm here now, Union City, New Jersey, U.S.A. Do you remember life in Guanajay?

NIDIA: (*Laughing in spite of her exasperation*)
>Nenita, chica!

NENITA:
>Vieja, I'm sorry con excuse me. I remember vaguely, but the few memories I have are connected with boredom. Men drinking at the bar in the corner but keeping an eye on the girls passing by. Oh, God! the heat at two o'clock in the afternoon and the vulgarity of their compliments.

(*pause*)
>Well, that was a good peek at the past. Aurelito doesn't want to face reality. He brought an imaginary curtain down to end the Cuban comedy. Do you remember the faces of your favorite friends in school?

Most of the members of the family, except for the young ones, have not totally adapted to life in the new country. While in Cuba, they had idealized life in the United States — and this we can really blame on Hollywood — now in the United States they idealize Cuba.

Sara, Nidia's lover, who is a guest at the Thanksgiving dinner, expresses her disappointment:

SARA: (*In a pensive manner*)
>Oh, Lord. Have I learned to play the game, but didn't we all play it once before? We learned strategics back home when we had to pretend we were so happy doing voluntary work for our man in Havana. The Cuban Revolution — at a certain time we all participated and believed in the dream. Then the dream became the best of jokes. Fidel is such a great stand-up comedian. He's kept us laughing for twenty-two years. He is what I call clever.

(*No one laughs anymore. There is a long pause*)
>But I miss my island. When I came to this country I wanted to be part of it, but I always felt like a child who was invited to a birthday party and when I arrived the cake was already gone.

(*pause*)

Well, here I go again, angry and bitter against this country, against Cuba, against life. Well, today is Thanksgiving—Nidia fix me a scotch on the rocks because I'm going to force myself to smile even if I have to pull my cheeks upward with my hands.

In *Union City Thanksgiving*, the typical American holiday is used as a symbol of culture in transition. The addition of black beans and flan to the traditional North American turkey is a clear example. The dinner as a ritual is used to carve, not the turkey, but the troubled lives of the characters in the play.

Nidia, the oldest daughter, and true head of the family, confronts her mother on the value of reminiscing:

CATALINA:	When are you both going to stop! I still remember the days when our family got together at the table and we all had the greatest of times. (*To Aleida*) Vieja, do you remember when . . .
NIDIA:	(*Interrupts Catalina*) Do you remember! Do you remember! When are we going to stop living in the past and set our feet in the present! Mama, it's all an illusion. The family has changed, the island has changed. It probably wasn't that great to begin with. We can't live from our memories.
CATALINA:	If you take away our memories, what can we cling to?
NIDIA:	The future, mama, the future.

Tony, the oldest brother, who is spending the Thanksgiving holiday with the family but is on leave from a mental hospital, is a reminder of how close we are, as immigrants—and this is a very personal opinion—to madness. The immigrant constantly faces this dilemma: to be assimilated, or not to be assimilated. A well known fact in geology is that rocks that accidentally fall or roll to a different environment, will have to adapt to the new environment or will be destroyed.

It is apparent that we have to ventilate the shadows of our past and history, so we can move forward. In doing so, the Cuban playwright provokes unrest and hostility among some of the members of the Cuban community. Because of the fear of facing a totalitarian system again, some members of the Cuban exile community had unconsciously played a role of victims first and subsequently the role of victimizers. An individual who is labeled as liberal, will be opposed and attacked by certain groups (as an example, the reactionary groups in Miami).

The former persecuted becomes the persecutor. The artists and especially the playwrights are not exempt from this type of persecution. Plays are usually purged before they play to a Miami audience and sometimes cancelled by producers because of pressure from local groups. Apparently, this attitude is not only produced by political suspicion but also by moral standards. The Cuban family is to be portrayed and depicted as an immaculate institution. The main taboos are infiltrated Communism and homosexuality.

This reactionary attitude affects not only the family but the playwright. The playwright faces a dilemma—especially in my case when I do not want to be affiliated or identified with either the extreme right or the Communist Party. It is obvious that the only way to play safe is to remain in a political and moral limbo. Once the playwright ventures into "forbidden territory" the chances are that he or she will be in deep trouble. This situation has improved in New York City since 1980 (*Swallows* had to play with a guard at the door since anonymous callers warned that a bomb was going to be placed in the theater opening night) but Miami has yet a long way to go.

Since we are living in foreign soil, we are constantly assaulted by our ghosts of the past. But even if we do solve our identity problems and succeed in exorcising our demons of the past, what can we say about the future? Curiously enough, we, as playwrights will move on to write about subjects other than Cuban, while the new wave of young playwrights will engage in producing plays about the experience of growing up in America and the generation gap that now exists between the aging exiles and their children.

The Cubans, not different from any other immigrant groups will perhaps refuse to be assimilated but instead will adjust as a mere way of survival. The fond memories of our Motherland will remain a vital part of our life in the promised land. Aleida, the Spanish grandmother in *Union City Thanksgiving*, puts it more eloquently to the family sitting at the table:

ALEIDA: (*Gets up and stands behind Aurelito*)
> No one ate. No one said grace. When my husband and I arrived in Cuba in 1917, our hearts were bursting with dreams. We rented a little house and the first thing my husband did was to plant a grapevine in a small flower bed in our backyard. (*To Aurelito after a brief pause*) Can you imagine? A grapevine in the tropic. (*Smiles*) The grapes turned out to be sour, but we ate them with infinite delight and pretended they were as sweet as the ones we left in Spain.

BICULTURAS VITALIZANTES
Nora Glickman

An Argentinian short fiction writer residing in upstate New York, Nora Glickman has published a volume of short stories entitled *Uno de sus Juanes y otros cuentos* (1985). She has published short fiction as well as scholarly articles in several learned journals both in Latin America and in the United States, where she has lived for the past 25 years. The nostalgic evocation of her childhood, spent in an atmosphere nourished by the cultural traditions of her Jewish ancestors, has often found expression in her creative prose. A frequent participant in literary readings, panels, conferences, and colloquia, Glickman is also a professor of Spanish at Queens College, of the City University of New York.

Los latinoamericanos que residimos en los Estados Unidos, con hijos, padres o hermanos en nuestras tierras nativas, tenemos un lazo en común: la transculturación. Compartimos dos culturas. Y al compartirlas, lejos de situarnos al margen de ellas, lejos de relativizarlas, las incorporamos, las integramos a nuestra vida cotidiana. Tal vez no enteramente, pero ¿a qué se llama "enteramente" o "absolutamente" sino a aquello que es rígido u ortodoxo? Las integramos como un gran desafío. Obviamente, nuestra "bi"-condición afecta el modo en que percibimos cuanto nos rodea, como también afecta el modo en que otros nos perciben. Las características que se nos atribuyen nos crean nuevos modelos — y aún estereotipos — que nos obligan a observarnos críticamente frente al espejo.

El hecho es que la vida en los Estados Unidos nos torna a menudo más latinoamericanos de lo que éramos antes de inmigrar. Pero sucede que en un país — y particularmente en una ciudad poblada de millones de inmigrantes — lo autóctono es precisamente lo cambiante; aquello que se nutre de raíces foráneas, que al transplantarlas incorpora el humus de la Pachamama, la tierra madre, y produce frutos originales. Por eso me gusta pensar que nuestra identidad bi-cultural, lejos de ser absoluta, es integradora, aculturadora. Es, es suma, más profunda que la de una "uni"-cultura personal, porque es tanto más compleja.

Nuestra existencia en el transtierro norteamericano — en mi caso no se trata de destierro ni de exilio, sino de una llegada voluntaria con el propósito de estudiar y trabajar — nos provoca tomar distancia respecto a nuestra posición de extranjeros. Lo que es más, nos incita a redescubrirnos. Nos llama a fantasear sobre los paraísos que dejamos atrás y a ilusionarnos con los que hallaremos más adelante. En otras palabras, nos encontramos en un cruce ventajoso, si permitimos que el transtierro nos vitalice y enriquezca.

El español, nuestra lengua nativa — en parte por nuestro esfuerzo personal, pero también porque los medios culturales hispanos se difunden y mejoran cada año en este país — no corre el riesgo de ser olvidada. Al contrario: la incorporamos a nuestros quehaceres diarios, no importa si con algunos barbarismos, o permitiendo ciertas libertades sintácticas. Sufrirá tal vez el purismo lingüístico, pero nos damos el gusto de participar en el proceso activo del uso del idioma, del que nos nutrimos, pero que también vamos nutriendo con la práctica.

En lo que respecta a mi escritura personal, busco recomponer mi pasado, regresando a la infancia y a la adolescencia, para recuperar fragmentos de mis orígenes. Sin embargo, con más y más frecuencia me pregunto cuánto queda de genuino en esas memorias, y cuánto le debo ya a las lecturas, la fantasía y la nostalgia romantizada de mi folklore argentino. Pero ¿no es acaso el deseo de atribuirnos una identidad lo que nos provoca definirla? El hecho es que escribo porque mis cuentos me brotan de adentro, por una necesidad imperativa de escribir como catarsis, porque me da gozo, placer, dolor, pena, urgencia, el escribir.

Lo que resulta, pienso, es una amalgama cultural-vivencial, norte-sur americana, una guión-hamaca en la que me balanceo y que me va definiendo. En esa bi-cultura encuentro materia y propósito. Es cierto, escribo en castellano. Pero en mi lenguaje infantil resuena el ídish de mis abuelos rusos. Y el inglés, en el cuarto de siglo que llevo en los Estados Unidos, ha llegado a asumir un papel esencial, no sólo prácticamente, sino también emocionalmente. Mi lenguaje es dinámico, abierto, como el de todo habitante de una bi-cultura en acción. No es paradójico decir, por lo tanto, que mi lengua extraña y adoptiva, el inglés, ha servido de rescate y aún de estímulo a mi lengua primaria, el castellano.

La selección de cuentos que sigue, contiene algunos elementos autobiográficos. Alguien dijo que un texto sólo es válido cuando su lectura lo convierte en una autobiografía — no ya del autor, sino del lector.

Creo que siempre se encuentran resonancias en lo que oímos, en lo que leemos; a veces los ecos de otras voces nos dan parámetros para diferenciarnos, otras para encontrarnos.

El primer cuento, "El último de los colonos", es una vuelta a otra inmigración, tanto o más traumática que la latina a los Estados Unidos: el éxodo masivo de los judíos de la Europa Oriental, de víctimas de pogroms, a principios de siglo. Narra una niña. El segundo cuento, "Tag-sale", incorpora el ambiente frívolo y absurdo que puede suscitar la vida en un suburbio neoyorquino. Este cuento juega además con elementos bilingües y con la intromisión de estos en la vida cotidiana. Lo mismo ocurre con "Dios salve América", del cual leeré un fragmento, sobre la llegada de una inmigrante colombiana a Nueva York.

EL ULTIMO DE LOS COLONOS

Se murió el viejo Leiserman. El colono Bóruj Leiserman. La noticia agitó muchas memorias de mi pueblo de La Pampa. Y pensar que entonces Bóruj me era más querido que mi abuelo, más cercano que cualquier tío.

Cuando los días se le hacían largos, mamá me llevaba a visitarlo; a él y a Sara, su mujer. A eso de las cinco, mientras papá se quedaba hablando con algún cliente sobre una nueva póliza de seguros — tema que se estiraba por horas — mamá se escurría de la oficina y entraba en la casa a buscarme.

Eran pocas cuadras. Andábamos a pie. Del bar de Lanuse salía un olor húmedo a cerveza y cigarrillo que nos perseguía hasta la esquina. Los Viner y los Shames acomodaban sus sillas con asientos de paja, junto a la puerta de sus respectivos locales, a distancia cercana para poder conversar. Las mujeres parecían más viejas que los maridos; se mecían despacio y hablaban en ídish mezclado con argentino. Pasábamos después por la panadería de los Litner, donde un perro lanudo y sucio ocupaba el ancho de la vereda. El aroma penetrante de las galletas recién horneadas lo dejaría tirado así. O la vejez. Allí mamá compraba unos bollitos, la Litner le contaba las últimas sobre el reuma que le estaba deformando las rodillas, y sobre su madre, que agonizaba en el cuartito de atrás. Mamá la oía sin alterarse: las cosas parecían empeorar con un ritmo pausado y constante. Habría para meses de bollitos y charlas parecidas.

Sara Leiserman nos recibía con un plato sopero lleno de mirasoles tostados; con *leicaj* y con té ruso, *prekuske*, al mismo tiempo que sorbíamos el té, mordíamos terroncitos de azúcar. Yo prefería mojar de a poco el azúcar y ver cómo el terrón se iba oscureciendo al ablandarse en el té caliente. Luego Sara se iba a recostar. Siempre estaba cansada. Mamá se quedaba conversando con Bóruj. Entonces yo me iba un rato al galpón de atrás. Me llenaba la pollera de granos de maíz y los esparcía entre las gallinas del patio. A veces les echaba un puñado con toda fuerza, para que corrieran y cacarearan un poco. Otras las corría y les tiraba de las plumas. En el estanque encontraba al Ruano, el caballo gastado de Bóruj; el Ruano se rascaba el cuello contra el borde oxidado del bebedero pero nunca se cortaba. Le llenaba una bolsa de pasto y se la colgaba del cuello para que le alcanzara la comida durante esa noche.

Cuando volvía a la casa, mamá seguía conversando. Me sentaba a oírlos mientras miraba fotos amarillentas que Sara tenía mezcladas en una caja de zapatos. Bóruj hablaba de la revolución rusa, de la infección que se había provocado en el oído para salvarse del ejército (todavía sufría supuraciones), y de los conflictos obreros en Buenos Aires. Mamá le comentaba artículos de su diario ídish. Ella prefería irse por el lado de Israel, del sionismo y del kibutz. Bóruj no veía sentido en una patria para judíos. "Es mejor que nos odien por separado", decía. "Un estado judío, rodeado de enemigos árabes, no puede ser democrático por mucho tiempo". Para provocarlo, me imagino, mamá me pedía que le cantara *Mir fur kain Eretz*. Ella me acompañaba, cantando más fuerte que yo. Seguía con *Zog mir shvester Leibn, vos ij vel dir freign* donde Leibn anuncia que en Israel ella va a plantar naranjas y a olvidarse por completo de la Diáspora. Mamá volcaba toda su energía en esas canciones, como si al entonarlas se acercara un poco más a Israel; como si pudiera quitarse de encima todo el peso del *góles*, de la Diáspora.

Bóruj se burlaba y nos hacía una mueca y un *Ajjj* impaciente, espantando las canciones con su mano gruesa y velluda. De pronto, me envolvía la cintura con su brazote y me decía *Danushka mains, zing mir unter'n vigale'* que era su canción favorita. Yo no me hacía rogar; le cantaba ésa y otras canciones más mientras ellos tarareaban al compás. Bóruj tenía una forma de cerrar los ojos y levantar las cejas espesísimas, creando en la frente un espacio mágico, irresistible. Cuando volvía a abrirlos, era como si se despertara de algo que lo estremecía. No sé si le gustaba esa sensación, porque la cortaba con algún comentario práctico y mundano.

Durante esas visitas mamá le arreglaba las cuentas a Bóruj; era siempre para líos. Unos pocos números bastaban para que ella le probara que sí, se podía reemplazar el sulki por una camioneta usada; que sí se podía cerrar el corredor de afuera — el de las parras — para que no entrara tanto frío en el invierno; que era mejor mantener un peón para todo el año que pagar a varios en el verano durante la cosecha... Bóruj se apretaba fuerte las mejillas con las palmas de las manos. Le recordaba a mamá que la plaga de langostas de hacía dos veranos había arrasado con todo; que cuando a los Perel se les quemó el campo con la cosecha aún sin levantar, él se salvó sólo porque el viento había cambiado de pronto, y había salteado su campo; que un incendio como ése, u otra granizada como la del '51 lo dejaría en la miseria. Y entonces, qué sería de él. Siempre se necesitaba tener alguna reserva...

Camino de vuelta al negocio, encontrábamos a papá malhumorado haciendo números, rompiendo papeles y tirándolos al cesto. Parecía no proponérselo, pero siempre embocaba. "Dejaste a Blanca sola en la caja y volvió a hacer errores... saliste sin terminar de pasar el balance". "Total, no soy tu empleada", le contestaba mamá. "Blanca recibe sueldo de cajera. Yo no". Papá seguía haciendo pelotitas de papel y revisando notas. No le discutía más, pero se quedaba trabajando hasta la noche. ¿Cómo podía mamá largar todo para ir a ver a ese *shlimaz*, ese haragán infeliz de Bóruj? ¿Qué veía en él? Pero ella lo defendía. "Tiene *seijl*. Piensa. Lee más que todos ustedes juntos. No debió haberse quedado en este pueblo de mala muerte, en este Bernasconi Bernascoño. Y *shohin*, ¡basta!" No se hablaba más del asunto.

De la que papá sí se apiadaba era de Sara. La pobre tenía que aguantarse a Bóruj sin remedio. Había sobrevivido el pogrom en Rusia, se había salvado en Vilna de puro milagro. Ahora en Argentina se le habían acabado los milagros. Se contaba que cuando los cosacos entraron en la casa de su tío, Sara fue la única que alcanzó a esconderse a tiempo. Pero lo vio todo, y nunca se le olvidó. Los *juliganes* desvenciaron la casa con sus sables; abrieron los cólderes y los almohadones llenando el salón de plumas. Despanzurraron al tío de Sara, un hombre masivo, y le metieron las plumas en el vientre. A la tía, que aullaba, le arrancaron los ojos antes de matarla. No me acuerdo qué barbaridad hicieron con las primas. Sara era huérfana y vivía con esa familia. Después del pogrom mi *zeide* la trajo a la Argentina, haciéndola pasar por hija suya. Sara era callada y retraída. Con las manos venosas parecía que se frotaba todas las quejas en su delantal. Papá decía que Bóruj ni siquiera la miró a Sara antes de casarse.

Seguramente, agregaba, no la miró después de casarse, tampoco. Su primera mujer había muerto durante el cuarto parto, cuando los otros hijos eran chiquitos. Era obvio que él no se las iba a arreglar solo, y Sara estaba allí, disponible, sumisa. Eso era todo. Mamá decía que cada cuál es como es. Que si Sara quería ser mártir, allá ella.

* * *

Hacía varios años que nos habíamos mudado a Bahía. Cada verano que volvíamos al pueblo era sólo de pasada, camino al campo. Una que otra vez entrábamos a saludar a los Leiserman, pero ya no era lo mismo. Papá venía con nosotras, y las visitas se hacían forzosamente cortas para alcanzar a cubrir cuantos más parientes y amigos fuera posible, para no ofender a nadie.

El accidente de Bóruj ocurrió en su chacra, a pocas leguas del pueblo. Parece que se veía venir el huracán. Bóruj mejor que nadie sabía leer en las vetas rojizas de las nubes; él como gaucho viejo entendía la amenaza del aire quieto, suspendido, como en una fotografía. Así que Bóruj debió anticipar esa columna de polvo que avanzaba inexorable, tragándose todo lo que encontraba delante, y él, Bóruj, colono testarudo, quiso detener el curso del remolino, quiso cerrarle el paso al huracán para meter sus cuatro vacas locas en el galpón; él solo se puso a cerrar tranqueras, a proteger sus animales.

El puestero justo estaba en el pueblo ese día. Cuando volvió al campo la mañana siguiente, encontró a Bóruj entre los escombros, a cientos de metros del galpón, en un charco enorme que había abierto la lluvia. Bóruj había rodado en el barro, juntando todas las hierbas, todos los yuyos que plantó durante su vida de colono. ¿En qué pensaría entonces? ¿En los animales que no alcanzarían a salvarse? ¿En las reservas? ¿En las cuentas inacabadas? No; seguramente cerraría los ojos, como solía hacerlo cuando le gustaba una melodía, levantaría las cejas, y se dejaría llevar, como en un poncho mágico, campo adentro.

TAG-SALE

Hay que seguir un cierto orden: de arriba para abajo, como cuando se plumerea; de izquierda a derecha, como cuando se escribe. Compulsiones, no más; puras compulsiones absurdas. Las botas en la fila trasera, sandalias y zapatos chatos en la del medio, los de taco adelante; vestidos elegantes en el closet angosto; ropa sport en conjuntos en el ropero más amplio.

Años de limpieza metódica habían hecho de Luisa una experta en rincones donde se acumulaban telarañas, en agujeritos donde se estancaba la mugre de las baldosas, en dobladillos deshilachados de las cortinas de gasa — que habría que cambiar en alguna oportunidad. Luisa se concentraba en pilas de papeles — recortes de diarios, cartas, anuncios — y tiraba con inmenso alivio, llenando dos, tres, y hasta cuatro bolsas de supermercado; pero cada vez rescataba más papeles del cesto, aún cuando sabía que ya no los volvería a mirar. De cuando en cuando regalaba ropa pasada de moda, aunque también se aferraba a algunas prendas, porque estaba convencida que nadie apreciaría su valor real.

—Este es un país de descartables, empezando por la juventud que decae en cuanto madura; envejece de pronto y se vuelve redundante...

Y para qué tantos preparativos... Todo para el gran "tag sale". Luisa nunca había oído esa palabra en castellano, ni se había preocupado por encontrar la equivalente en su idioma. Luego de treinta años en los Estados Unidos incorporaba palabras americanas en su vocabulario, consciente de lo que hacía, pero indiferente, asumiendo que el hispanista "impuro" justificaría sus razones y que el "puro" nunca se contentaría con traducciones como "subasta", "liquidación", "venta", "remate", "saldos", ya que el "tag-sale" era una actividad peculiarmente americana: se abría la casa al escrutinio del público y todo lo que había dentro era puesto en venta ("sale") e identificado mediante etiquetas ("tag") que marcaban el precio. Todo; desde alfileres a heladeras, hasta que la casa quedaba desmantelada. De modo que Luisa hablaba del "tag sale", pronunciándolo en español como "tag sale" y no "tag-seil", a imitación de los gringos que se jactan de hablar bien el español, pero que de cuando en cuando salen con expresiones ridículas como "yogar": "jog" en inglés, por decir "correr", "plumbero": "plumber", por "plomero", o "foceta": "faucet", por "canilla". El tal "tag-sale" (tac y sale) tenía que ver con lo

49

que sale de la casa cuando el dueño decide deshacerse de sus posesiones. Y la idea de Luisa consistía en dejar todo prolijamente arreglado para el "tag-sale" que tendría lugar después de su muerte.

Obviamente, la idea era mórbida. El hecho era que nadie le había diagnosticado una enfermedad fatal, y que nadie la tenía amenazada de muerte; pero al mismo tiempo era evidente que la gente alrededor suyo caía como moscas, víctimas del cáncer, de ataques cardíacos, de accidentes imprevisibles; en los caminos se acumulaban heridos y muertos; las sirenas de policía y bomberos dominaban el espacio. Luisa era una estadística con alto riesgo de sufrir cierta calamidad; una, porque se exponía diariamente en los caminos; dos, porque su constante estado de agotamiento físico acarreaba una falta de concentración crónica sobre todo lo que hacía; tres, porque era hipocondríaca y supersticiosa (en broma pero en serio) y se consideraba como mujer "marcada", lo que aumentaba su riesgo de serlo, en efecto.

No valía la pena buscarse más razones; la cosa era que Luisa se moría paulatinamente (todos se morían de a poco, pero ella más), y así como la cena debía estar lista para las siete sin que faltara la sal, el pan y la jarra de jugo antes que Luisa se permitiera tomar asiento; así como las camas debían estar hechas antes del mediodía (no ser que apareciera una visita imprevista), así también la casa debía estar preparada para su "tag-sale" póstumo. No había nada que hacerle.

Ahora cada vez que escogía algo nuevo para la casa, Luisa consideraba a los compradores futuros. Estaba convencida que cuando otra mujer la reemplazara — eso era inevitable: había hijos pequeños, un marido mimado y egoísta; había cuentas pendientes, cheques y pólizas — lo primero que su sustituta haría sería abrir las ventanas para espantar la memoria de la difunta. Cómo hacer un impacto antes del reinado de su sucesora; cómo ganarle al olvido, cuando la fecha ya estaba casi encima... En los viajes al trabajo y vuelta a su casa, encerrada en la cabina de su automóvil, protegida entre ventanas, cables y palancas Luisa variaba sus planes según el trasfondo musical que elegía, el meloso y sentimental de la estación en ídish que le recordaba a sus abuelos, o el solemne y grave de la música medieval; tanto un programa como el otro afectaban el inventario del "tag-sale", y los detalles se continuaban con los preparativos para el velorio, el entierro, las plantas que rodearían su tumba...

En los "tag-sales" a veces se veían cartelitos que anunciaban la venta de objetos raros, que se mostraban sólo a pedido de los interesados serios. Se le ocurrió a Luisa que podría criar algún bicho exótico; tal vez si domesticara un peludo de las pampas argentinas... Le haría gracia verlo comer los insectos del jardín, paseándose atado de una larga soguita al cuello. Pero no sería fácil pasarlo por la aduana; además que no podría sobrevivir las nieves neuyorquinas; se le moriría y todo el plan sería un fracaso. ¿Algo más? La gente exhibía colecciones de porcelanas, dedales, abanicos; para Luisa todas eran repeticiones de temas aburridos. La perseguía, sí, una fantasía infantil y heróica, de falsa modestia, ya que tenía debilidad por inventarse cuentos: En su "tag-sale" un extraño abre su manuscrito, que reposa sobre el escritorio. Se titula "Leéme". El lector no se vuelve ni más grande ni más pequeño, pero comienza a sonreir, luego se ríe a carcajadas que contagian al resto de los presentes. Comparte con ellos su entusiasmo; la gente hace preguntas, comenta sobre el libro, se lo disputa con el primer lector. Este produce su tarjeta de editor nacional: es J.G.Smith, reconocido crítico literario, representante de la editorial más cotizada. Al segundo Luisa ve su libro como best-seller, en venta en todo el país; ve los anuncios de la próxima película sobre el libro, escoge a la actriz que desempeñará su papel. Y una vez satisfecha su fantasía narcisista, Luisa vuelve la atención a los detalles más prosaicos del "tag-sale".

    Pasa el tiempo y Luisa sigue inventariando, preparando etiquetas, tachando días del calendario, celebrando cumpleaños, aniversarios, graduaciones, día de madres, padres, abuelos, patronas y secretarias. Su vida se le va en tarjetitas conmemorativas de placeres y congojas; entre tantas, se escribe una a sí misma, y la despacha desde el buzón de la esquina. "Bon voyage, Luisita". La escribe como siempre, automáticamente; pero al recibirla, dos días después, con sello de correo y fecha de despacho, la interpreta como una orden suprema. Luisa apenas alcanza a juntar unas prendas en su valija de lona. Sale como a escondidas, a la apurada, sin despedirse de nadie, sin dejar una nota, con un pañuelo atado a la cabeza como si anticipara un viaje largo y mucho viento. Ni se da cuenta cuando se limpia de las mejillas unas lágrimas locas, causadas, tal vez, por el polen de las flores. Tan ocupada está mirando por la ventana del tren que no se acuerda del orden que debe seguir, ni del "tag-sale", ni de su próxima muerte.

DIOS SALVE AMERICA

Tierra próspera. Tierra buena y amplia. Cuarto privado; dinero para para el mercado. Televisor, *wokman* y estéreo. Y qué. Aguantarse los fríos de enero, aprenderse algo de gringo para andar *okey*. De este lado de la frontera, en manos de un abogado que hace la primera cita absolutamente gratis, que promete mucho y cobra mucho más, sólo queda esperar calladamente que la llamen para entregarle la tarjeta verde; para que jure que nunca ha sido ni será prostituta ni comunista y le den por fin la tarjeta verde como el dólar; la que muestra su foto con la oreja derecha al descubierto. La sagrada residencia, salvoconducto a la tierra prometida, la envidia de sus amigas de Cartagena; el sueño de médico de su hermanito Roldán; la esperanza de su madre de poder visitarla para subir con ella las torres mellizas de Manhattan en un ascensor que da vértigo.

Ahora le hace gracia recordar cómo llegó de Cartagena a Méjico en avión; cómo hizo contacto con ciertas personas para que la llevaran con un grupo de ilegales hasta la frontera con Tejas. Inútil había sido conseguir visa en Colombia. "Vas a trabajar allí, no a pasear, como dices". Y se la negaban. Cómo le cobraron más que al resto de los viajeros, mejicanos, por ser la única colombiana, y cómo casi logra cruzar. Casi. Porque el guía — Consuelo está convencida de ello — se había puesto de acuerdo con unos bandidos para robarles a todos. Con el pretexto de salir a cerciorarse que la frontera estaba despejada, el guía los hizo aguardar en un galpón abandonado. A los pocos minutos fueron asaltados por unos hombres enmascarados que los amenazaron con sus rifles para que les entregaran dinero y alhajas. Cayeron como moscas. Consuelo fue más astuta que el resto, ya que se quitó el abrigo y lo largó lejos de su lado, mientras gritaba enloquecida que la dejaran en paz, que ella no traía nada, que su marido cruzaba al día siguiente, trayendo todo lo que tenían. Menos mal que no le exigieron detalles, ocupados como estaban en robar limpio y bien. Aún así, Consuelo me muestra como se le montaron encima, acostándola boca abajo para revisarle la falda, los forros, la ropa interior. La arrancaron del cuello la medallita de la Virgen de los Milagros, pero con el apuro se les cayó al suelo y así fue como Consuelo la pudo recobrar. Cuando se vieron solos, los infelices quisieron salir corriendo, pero no sabían para qué lado correr. No podían quejarse a la policía, ni cruzar solos la frontera. Sin el guía estaban perdidos. Cuando el guía volvió, por más que les juró y rejuró que no tenía nada que ver con el asalto, lo obligaron a que les devolviera su parte del pago; aunque bien sabían que sin papeles ni dinero ya no habría forma de pagar el enganche en los Estados Unidos. De modo que casi todos se volvieron a sus respectivos pueblos para empezar a ahorrar hasta el próximo cruce ilegal.

En el fondo del abrigo Consuelo había cosido una bolsita con lo suficiente para chantajear a un "experto" de Tejas que la ayudaría a cruzar sin inconvenientes. El único en seguir viaje con ella fue don Eugenio, un viejito mejicano que había arrollado dos billetes grandes dentro de la lengüeta de sus zapatos, y aunque lo habían obligado a descalzarse y le habían revisado los zapatos, se les pasó ese lugarcito. A partir de la aventura del cruce, Consuelo y don Eugenio son compadres para siempre; son hermanos de viaje. Se visitan seguido, viven cambiándose datos sobre denuncias de ilegales, sobre trabajos disponibles para los que vienen llegando y sobre nuevas oportunidades para sus familiares.

Con el tiempo han perdido el miedo de acercarse al aeropuerto. Viene alguien de Colombia, y así haya que perderse el día de trabajo, así haya que esperar por horas en el aeropuerto, lo esperan y lo traen en carro hasta la casa. No vaya a ser que se repita la experiencia de Consuelo en Kennedy. Esa noche, al llegar al aeropuerto, ella había insistido a don Eugenio que siguiera viaje hasta New Jersey donde lo esperaban sus parientes. Se despidieron y Consuelo llamó por teléfono a sus primos. Se había memorizado el número, así como la dirección de Brooklyn — esos detalles no se ponen en escrito para no comprometer a nadie. Pero ninguno respondió a su llamado; seguramente estarían trabajando en el turno nocturno. Por temor de quedarse esperando sola en el aeropuerto y suscitar sospechas, aceptó la oferta de un taxista que la apresuraba a subirse en su auto. Resultó ser un extranjero — indio o paquistano, piensa — que desconocía o pretendía desconocer la ciudad. La paseó por horas enteras: — "Yo creía que me llevaba de vuelta a Méjico; el reloj tenía la banderita baja pero no marcaba el precio; el taxista hablaba solo, delante de una barrera de vidrio que separaba mi asiento de la parte delantera del carro. Por fin, cuando llegamos, me pidió ciento ochenta dólares. Podía haberme ordenado que le dejara las maletas también. Le dí todo lo que me pidió y me bajé rogando que la dirección fuera correcta. Estaba agotada. Cuando llegué al cuarto piso, me dejé caer sobre las escaleras frente al apartamento de mis primos y esperé hasta la madrugada, cuando ellos llegaron del trabajo".

Considerando, después de todo, que no fue "devuelta" a las autoridades, como su prima Griselda, a quien le vieron cara de futura obrera de fábrica, pese a tener los papeles en orden; considerando además que no sufrió de hambre, ni de sed, como su cuñada María Senovia al cruzar la frontera; ni que fue a parar a la cárcel como su hermano Jesús, Consuelo se considera una muchacha afortunada.

II

Jesús tuvo la mala suerte de caer en un barco de marihuaneros. Aunque se pudo probar que sólo unos pocos pasajeros estaban implicados en el tráfico, todos fueron arrestados y transportados a Miami, donde se les hizo un juicio sumario antes de ser deportados. El que tenía algún pariente en Miami, era puesto en libertad con una fianza de dos mil dólares, mientras un abogado se hacía cargo del caso. El resto tenía que conformarse con una llamada telefónica para despedirse de la familia. Consuelo, que prácticamente había criado a Jesús, lo alentó prometiéndole que su abogado se encargaría de sacarlo y que pronto lo enviaría para New York. Y en efecto, el abogado aceptó el caso en cuanto recibió los quinientos dólares iniciales que Consuelo pagó para que éste se pusiera en contacto con su socio en la Florida. Luego esperó seis días, como una madre ansiosa espera que baje la fiebre de su hijo. El abogado de Miami, siempre ocupado, según decía su secretaria, en la corte, encontró por fin un momento para explicarle la causa de la demora. Las dificultades venían de los jueces de Miami, quienes se estaban desempeñando con particular severidad con este barco, pues en toda la Florida la gente sufría del crimen a causa de los últimos cubanos de Mariel y de tantos hispanos drogueros, y ahora iban a enseñarles una lección a esos delincuentes...

Jesusito, de dieciséis años, fue deportado justamente el día después de Navidad, luego de una semana de cárcel. A Consuelo, con su debilidad por las fechas santas, le pareció muy cruel que Jesús padeciera así durante una ocasión tan especial. Se lo imaginó llorando en un rincón, o tal vez acosado por algún reo criminal, y se sintió culpable de no haber hecho más por él. Y aunque Jesús fue "devuelto" a su país, a Consuelo no le fue devuelto siquiera un centavo de su pago. Pero ella no quiso molestarse en llamar a su abogado para decirle lo que realmente pensaba de su trabajo. Bien sabía que cualquier queja demoraría aún más sus propios papeles de residencia. "Total" —razonaba— "para qué insistir. Me va a decir que él hizo todas las vueltas. No vale la pena. Dejémoslo así, y se acabó".

Es evidente que no todos los que llegan tienen la suerte de Consuelo. Su otro hermano Tulio, luego de haber sido rechazado la primera vez, volvió a probar suerte, pagando una suma aún más alta por los trámites, pero volvió a ser deportado de Los Angeles. Los parientes que le habían ayudado a pagar las deudas, le pidieron que no intentara una tercera vez, que se les hacía demasiado pesado a ellos. Porque esta vez todos los hermanos y Consuelo concentraron sus esfuerzos en arreglar la venida de los padres.

El padre de Consuelo había probado cruzar una vez, en un vuelo directo de Honduras a Houston. Pero cuando se comprobó que era alcohólico, fue mandado a la cárcel, donde no resistió la falta del trago, y pidió que lo deportaran lo antes posible. Ya en Colombia tuvo que ser hospitalizado porque se le había perforado el hígado y necesitaba tratamiento urgente. Salió unas semanas después, odiando hasta el olor del vino, con la cara demacrada y el espíritu subyugado. Ya no volvería a ser el de antes. Como premio por haber dejado de tomar, Consuelo le envía unos pesos en cada carta que le escribe. El plan ahora consiste en enviar a los padres un pasaje de visita, a no ser que la embajada americana en Colombia les niegue la visa. Nada que ver con la experiencia anterior del padre. Entonces no viajaba bajo su verdadero nombre. Sólo que se sospechan que con tantos hijos en los Estados Unidos, alguno de ellos podría intentar "pedirlos" para tenerlos cerca de los nietos... y eso sería un pecado...

La última en llegar fue la esposa de Tulio, María Senovia. Mientras su madre se encargaba de sus hijos en Cartagena, y Tulio probaba suerte en Bogotá, María Senovia fue transportada desde Monterrey hasta un sitio vecino a la frontera, en una avioneta que volaba muy bajo y sin luces, para evitar los radares. El piloto logró aterrizar en una zona despejada, y sin cerrar los motores hizo descender a sus pasajeros con suma rapidez para volver a montar vuelo sin ser notado. Allí fue, Consuelo cree, que María Senovia se torció un tobillo. Caminaron, tal como tenían indicado, sobre una senda pedregosa, hasta dar con una casona donde les esperaba otro experto en cruces nocturnos. Apenas tuvieron tiempo de recobrar el aliento, cuando el guía los apresuró hasta un alambrado que les hizo cruzar donde había sido aflojado para facilitar el paso. Aún así, María Senovia se lastimó penosamente y tuvo que ser cargada hasta el baúl falso de un automóvil expresamente diseñado para ese contrabando humano. María Senovia cruzó por fin la frontera apretujada contra otros cuatro desconocidos. Habían recibido instrucciones explícitas de no respirar durante la inspección aduanera, y según Consuelo, María Senovia asegura que se contuvieron. "Seguramente" — añade — "el miedo les cortaría la respiración". Desde su llegada a New York, hace casi tres meses, María Senovia vive temerosa de acercarse a la calle. Consuelo y sus hermanos le están buscando una casa de hispanos para que se coloque en el servicio doméstico y pueda pagar las deudas sin correr peligro de ser deportada.

III

Cuando se es pobre, dice Consuelo, toda la vida es sacrificio. Pero lo dice más por rutina que por convicción. Ahora que tiene casi más hermanos y amigos de este lado que del otro, Consuelo ya no habla de volverse algún día a Colombia. Ni siquiera hace comparaciones. Los domingos se reúne con sus parientes en la casa de su hermano mayor. Los hombres compran unas cajas de cerveza, las mujeres preparan sancocho. Cuando el tiempo acompaña, salen de paseo a un parque, o hacen un viajecito a la Montaña del Oso, donde se puede remar. Por lo general, cuenta Consuelo, se sientan a escuchar las últimas grabaciones latinas, bailan, conversan, y para los cumpleaños y aniversarios llaman por teléfono a Cartagena y reciben la bendición de los padres.

INMIGRACION FAMILIAR COMO ESCRITURA
Jaime Manrique

A Colombian author living in Manhattan, Jaime Manrique writes prose fiction in English and verse in Spanish. He has thus far published a volume of poetry, *Los adoradores de la luna* (Cúcuta: Casa de Cultura, 1976) and the novella *El cadáver de mi padre* (Bogotá: Instituto Colombiano de Cultura, 1978) as well as two novels *Colombian Gold* (New York: Clarkson N. Potter, 1984) and *The Interpreter* (New York: Clarkson N. Potter, forthcoming). Winner of the National Poetry Award in Colombia in 1975, he has had one of his novels optioned to the movies by the director Héctor Babenco. A frequent speaker at literary readings and conferences, Manrique teaches writing at the Eugene Lang College of the New School for Social Research.

Llegué a los Estados Unidos por primera vez el 11 de noviembre de 1966. Era de noche cuando mi madre y yo llegamos al Aeropuerto Internacional de Miami. Mi madre tenía visa de residente y yo visa de estudiante; ella era una mujer de cuarenta y pico de años; yo, un adolescente de diecisiete. Sin embargo, ambos estábamos ya familiarizados con este país: mi madre había estado aquí un par de veces, mientras que yo había estudiado en el Colegio Americano de Barranquilla, mi ciudad natal. Además, desde mi más temprana infancia, había estado infatuado con el cine hollywoodense.

Me cuesta dificultad ver a ese adolescente, y me cuesta aún más trabajo recordar lo que él pensaba, cuáles eran sus ambiciones, sus planes. Lo que sí sabía era que desde los trece años había profesado su vocación de escritor.

Seis meses más tarde, cuando estaba en el último año de high school, empecé a escribir poemas y cuenticos en inglés. Y para la época en la cual ingresé a la universidad, garrapateaba con frecuencia textos en inglés para publicarlos en las revistas universitarias. Continué también escribiendo en español, y a los veinte años aparecieron mis artículos en el diario *El Espectador* de Bogotá.

Al principio de mi estadía en los Estados Unidos me consideraba un transeúnte pues soñaba con regresar a mi patria. Así lo hice, y en mil novecientos setenta y seis apareció en Colombia mi primer poemario. En los años siguientes publiqué una novela corta, una selección de mis cuentos y una compilación de mis críticas cinematográficas. Durante esa época viajé constantemente. Y, además de largas temporadas en Colombia, viví en España, Venezuela, Nueva York y Tampa, Florida.

Inexorablemente, acabé convirtiéndome en un escritor bilingüe que, en mi caso, quiere decir alguien que se expresa más o menos adecuadamente en dos lenguas. Este proceso continúa hasta hoy en día, y cuando me siento a escribir prosa (esto no sucede con la poesía pues sólo la escribo en castellano aún si la idea se me ocurre en inglés), nunca sé hasta que escribo la primera línea en cuál idioma voy a expresarme. Es por esta división casi esquizofrénica de mi creatividad que yo me considero un híbrido que no existía antes en el contexto de la cultura colombo-americana.

Acabo de terminar una novela titulada *El Intréprete*, escrita en inglés. Es mi segundo intento de escribir en lengua inglesa acerca de la inmigración mía y de mi familia a este país. Mi madre, hermana, sobrino y algunos de mis amigos sudamericanos, son (con ciertos retoques) los personajes principales. Es un libro supremamente personal; pero lo considero una obra tentativa y no la novela definitiva acerca de cómo la inmigración a este continente nos transformó a mi familia y a mí.

La condición de inmigrante es radicalmente tentativa. Ahora vivimos aquí, pero nuestro terruño es el Paraíso Terrenal del cual fuimos expulsados. Se me ocurre que vista desde ese ángulo, el contenido de la literatura de la inmigración es trágico. Porque aun si acabamos adaptándonos a una nueva lengua y una nueva concepción de la realidad, los inmigrantes de primera generación siempre seremos entes en evolución, y el peso del pasado nunca será una carga que podremos llevar a la ligera.

TWO EXCERPTS FROM CHAPTER VI OF
THE NOVEL *THE INTERPRETER*

It was a ten-block walk from Olga's home to Bobby's apartment. The scene with the Parnassus women had unsettled me; painful, uncomfortable memories that I had suppressed long ago were becoming raw, exposed. Or maybe it was just the *aguardiente*, or the fact that I was ambling the shady streets of Jackson Heights on a placid summer afternoon, going to see my oldest friend who was dying of a disease that seemed the product of a science fiction horror fantasy. At any rate, all kinds of freaky thoughts crept into my head.

Colombia is known as—by Colombians, of course—The Country of Poets. Any Colombian worth his salt is at least a closet poet. It was our love of some poets—and our hatred of Juan Ramón Jiménez (whose *Platero and I* we ridiculed cruelly)—that had brought Bobby and me together.

There are a couple of things I ought to clarify. I was born in the town of Barranquilla and, at age seven, after father ditched us, we moved to Bogotá. However, four years later, in pursuit of a man she had the hots for, mother moved back to Barranquilla. That's where Bobby and I met, at *Colegio Americano*, an American Baptist school that took all the rejects of the Catholic schools, in the hope that we'd all become militant Baptists. Bobby and I were chubby, unathletic, and loved movies and books. I was convinced that Bobby was a genius. While I barely managed to pass, Bobby made straight A's. He was a brilliant mathematician, and wanted to be a writer or a painter. He read books in both English and French.

On Saturdays, and during school vacations when I remained in the city, I'd go to spend the day at Bobby's house. I'd arrive early in the morning, and we'd usually play chess until lunchtime. Then we'd go to the patio, where we sat under the guava trees and read books aloud, especially *Hamlet*, which we never tired of re-reading. It was at that time that Bobby encouraged me to enter a declamation contest, which I won. For the next few years, I entered, and won, many of these events. Bobby served as my coach. We favored the poetry of José Asunción Silva, a romantic, morbid suicide; and also the poetry of Porfirio Barba Jacob, Colombia's *poète maudit*.

Bobby and I came from different social backgrounds. His mother was an executive secretary for *Cola Roman*, a soda pop company, and they lived in a modest house in a blue collar neighborhood. I, on the contrary, was the son of a wealthy man. After father left us, he had been generous with mother so that we didn't have to worry about money. Also, mother's lover was a high-ranking official in local government; he was Director of the State Brewery. We enjoyed luxuries such as a limousine and a uniformed driver. Most adolescences are unhappy, but mine was particularly miserable. I hated school, my classmates and the town of Barranquilla. Books and movies were my only refuge; and Bobby, Claudia Urrutia and my sister were the only young people I felt close to.

· · · · ·

As I walked into a section of Jackson Heights that consisted mainly of small apartment buildings, I could feel the supermarket bag shaking in my hand. The closer I got to Bobby's home, the more upset I became. My last visit with Bobby had been at the hospital in May. Even then, I thought he'd never leave the hospital alive. What was left of Bobby was in a respirator, so he couldn't talk. He looked like an extraterrestrial creature, with a big head and a shrunken body. His eyes, which sunk a couple of inches into his face, were open, but unfocused. It was obvious to me that they were not looking at anything. I sat for what seemed like an eternity, staring at the bouquet of yellow roses I had brought him, aware of the noises of the different machines and of the nurses in white gowns and white gloves who entered and exited the room.

By the time I arrived in front of the brick apartment building where Bobby had moved over a year ago, I was feeling pretty frazzled. I lit a cigarette and stood in front of the entrance, wondering whether I should go in or postpone the visit. But I knew that Bobby wasn't going to be sticking around much longer. The possibility that he would not recognize me at all again upset me still further. I felt guilty that over the long period of his illness, I hadn't been by his side more often. I climbed the steps that led to the buzzer system. I was about to press the button for his apartment, when a voice behind my back called, "Hey, Sammy."

Turning around, I saw my nephew on his bike. "Gene, what are you doing here?" I demanded.

"I went by the crazy ladies' house and they told me you were coming here. Man, those women are a trip and a half."

"Anything wrong?" I asked, walking down to his bike.

"What's that smell? Are you loaded?"

"I had a couple of *aguardientes.* That's all."

"Yeah? Well, it smells like a couple hundred to me. You smell like . . . like . . . like . . ."

"It's the *pasteles*," I said, pointing to my bag.

"Oh, okay. Can I ask you a favor? I'm working until late tonight, and I rented a couple of movies. Could you take them home for me? I could lose them, going around on the bike." He reached into the basket on the bike's handles and handed me two plastic cassettes.

"Rocky Rambo Dumbo," I teased him.

"Man, I told you. I hate that Stallone shit." Suddenly, there was a loud metallic beep. "Got to beat it, man. That's my beeper."

"What kind of deliveries you make, anyway?" I asked, noticing a bunch of white envelopes in his basket.

"Can't talk now. I'm late. Thanks for taking the movies home for me." He lowered his sunglasses and put on his headphones. Grabbing the bike's handles, he shouted, "See you tonight at Saigon Rose. It's the big night, eh? Congratulations. Claudia's a cool chick. Take care. Say hi to Bobby," he called out, and zoomed off, pedalling furiously.

The Claudia situation, I realized, was seriously out of control. However, there was nothing I could do about it now. Putting the movies in the shopping bag, I rang the buzzer.

I took the elevator to the fourth floor. After years of visiting Bobby in swank lofts and apartments, coming here felt like going back in time ten years, to when Bobby still lived in Queens, working during the day and going to school at night.

A new nurse opened the door. I explained who I was. She informed me that there was nobody at home, except Bobby, who was asleep. "Mr. Martinez," she said as I headed toward Bobby's room, "Mr. Wolitzer (Bobby's lover) called to say he won't be back until six o'clock, and I really have to go home. Would you mind taking over for me until he arrives?"

Being alone with a dying person made me nervous, but I said I would gladly stay. We went into the bedroom where Bobby was sleeping. The room was tidy and cool, and Bobby's body was covered with light blue sheets. On a wardrobe, there was a vase with red roses. The shades were open, and the afternoon light streamed into the room. And yet, there was something icy about it. Death had Bobby in its bony grasp already, as the French would say. On Bobby's night table was a large tray crammed with medicine bottles. However, I was relieved to see that Bobby wasn't on a respirator. The nurse pointed to a card with phone numbers I should call in case of an emergency. Then, matter-of-factly, in the calm, blank manner of people who deal with death on a daily basis, she left. I took a chair and sat next to the head of the bed. We were only a couple of feet apart, and I could study Bobby's face in detail, something which, on prior occasions when he had been awake, I had been too self-conscious to do. He looked cadaverous, and the scariest part of it was how the skin between the eyebrows and eyelashes had sunken even further than the last time I had seen him, so that even in repose, his eyes bulged like golf balls. The skin that covered them seemed translucent and thin like a spider's fabric.

Bobby's faint, irregular breathing frightened me; I felt sad, depressed. It was hard for me to believe that this was the Bobby I had known since childhood. For a while I had hoped that a miracle would happen, but now it was clear that Bobby was going to die. What disturbed me most about it was how quiet, how undramatic it all seemed.

At his death, Bobby would be taking with him a big chunk of my life's memories. Even when we had been apart, we had always kept up a correspondence. After I moved to North America, I didn't see Bobby for four years, until one morning when he showed up unexpectedly at our home in Jackson Heights. I hardly recognized him; he had grown tall, willowy, extroverted. He stayed with us for several weeks. Right away he informed me that he was gay—this was in the mid-seventies—and that he couldn't stand living in Colombia as a homosexual. He had come to the United States, he announced, to be "a free fag."

He got a job working in a factory that made plastic ashtrays, moved into an attic not far away from us, and enrolled at Hunter College, where he took evening and weekend classes. His main goal at that time was to move into Manhattan as soon as possible.

After I finished my B.A., I decided to return to Colombia, where I hoped to settle permanently. Bobby warned me that I wouldn't be able to adjust, and two years later I returned to the States. By then, Bobby's fortunes had changed. He was now the manager of the plastic ashtray factory and a partner as well, had finished his B.A. with honors and had enrolled in the N.Y.U. Graduate Business Program. He had moved into a loft in Soho. The building had gone co-op and he had purchased the loft, which he converted into a beautiful place decorated with art and antiques—his new hobbies. He was also involved in a multitude of business enterprises, and was beginning to become extremely successful in his investments. His portfolio, he told me, was worth almost a million dollars. His goal was to be a millionaire by age twenty-five.

I resented his material success—his beautiful clothes, possessions, his trips all over the world. But more than that, I envied the way he had come to terms with his sexuality. And yet, this freedom he had sought and enjoyed was the very thing that was killing him. Bobby was proud of my writing and encouraged me, but he disliked the fact that I had chosen to be poor. Bobby had become infatuated with the American Dream.

In the early 1980's, he was on his way to becoming a Wall Street tycoon. He purchased a luxurious condo behind the World Trade Center, became thinner, more polished and elegant, took elocution lessons, and was the very image of the immigrant made good. Sitting next to him, it occurred to me that we were perhaps the first generation of immigrants who had skipped the ghettoes altogether; who had been able to go directly to the suburbs and to college; who could return to our homeland for weekend trips. Our homeland was so near, by jet, that in spite of our adaptability and American ways, we did not feel the need to shed our Colombianness.

I decided to turn on the TV, hoping to catch an afternoon baseball game. Remembering the two movies Gene had asked me to take home for him, I took out the two plastic cases. They had no names on them, which was peculiar. I turned on the TV set and opened one of the plastic containers. Inside I found a plastic bag full of a white, soft substance. I unzipped the bag, stuck my finger inside, and tasted. It was pure, uncut cocaine. A bag of cocaine that was worth a fortune. "Shit," I uttered.

"What?" a voice rapped behind my back.

I knew I was a dead man. Gene had stolen the coke, and now there was a mafioso in the room about to shoot me. Slowly, I turned around.

"Sammy, are you all right?" Bobby said in English.

I was astonished to see him speaking. "Bobby, I thought..." The words choked in my throat. I hurried to his side and sat on the edge of the bed.

"Oh, how nice. You brought me a present," he said, pulling his hands from under the blanket and touching the bag in my hands. His smile was like an open fan. "You brought me cocaine. But I could never snort all that coke even if I lived to be a hundred years old," he said, examining the bag. Are you trying to become a yuppie overnight?"

I explained how I had come into possession of the cocaine. I pulled out the other plastic box. It contained only Marlon Brando's *Last Tango in Paris*.

"So he makes home deliveries," I said.

"This is Jackson Heights, you gringo. Not Times Square. I'm constantly getting flyers under my door. If I weren't about to croak, I'd love to take a hit. But go ahead; don't let my deathbed scene stop you from getting high."

"I gave up drugs," I said.

"Good for you. It only took me ten years of lecturing you before you finally caught on. I see you haven't given up alcohol. What's the smell — *aguardiente?*"

I gave him an abridged version of my induction into the Parnassus. Bobby looked amused, and struggled to pull himself up in bed, coughing like a lawnmower cranking without oil. His face became cherry red. I looked in the direction of the tray of medicines. "Is there anything I can get you?" I asked, when his breathing had settled a bit.

I was fidgeting and a tic had begun to twitch under my left eye. I wished that Bobby's lover would show up; I didn't want to be alone with Bobby in case his condition deteriorated suddenly. He asked me to help him sit up on the bed with some pillows propped behind his back. I was astonished at his weightlessness, and when I placed my hands under his armpits, his arms were thin and light, like breadsticks. Settling in his new position, Bobby said, "What does this remind you of?"

I was too muddled to think; I shrugged.

"*Camille*, you dummy. Remember how we used to play *Camille* during religion class?"

"We did?"

"*Ave María puríssima pues*," he said in a *paisa* accent. "I don't know you can be a writer with such a lousy memory. re hope you're not planning to write anything about me after I'm gone. Don't you remember we used to play Marguerite Gautier? We'd take turns coughing, and we'd imagine we were dying of consumption.

Remember how *profesor* Rincon — I swear he had a crush on me — for the most part ignored us. But one afternoon we must have pissed him off more than usual because he called on you. In that wonderful baritone voice of his he said, 'Mr. Martinez, since you seem to know so much about this subject that you don't even have to pay any attention to what I've been saying, would you be kind enough to explain to the slower students in class the meaning of Jesus Christ's immaculate conception?' I thought you were gonna shit in your pants; you looked whiter than chalk but you said, 'I hate to say it, sir. But in my opinion it means that St. Joseph was a cuckold, the Virgin a whore, and Jesus the son of a bitch.' Sammy, you used to be incredibly funny. I don't know what happened to your sense of humor." Bobby cackled, slapping his hands on the bed. I laughed too, until I remembered that my wisecrack had gotten me expelled from school for fifteen days.

"And who was our heroine?" he continued with his nostalgic vein.

"Vanessa Redgrave," I offered, remembering how we had loved her in the life of Isadora Duncan.

"No, no, no, no, no, no," he chanted. "Close, but not quite right. Maybe this will help." He made a "V" with his arms; the pajama sleeves dropped to his elbows, revealing his emaciated extremities. "Now you remember?"

I shook my head.

"Diana Ross, you fool."

It might have been funny if he hadn't looked like a death camp survivor or a starving Biafran. It was a horrible sight. The only part left of the Bobby I had known was his humor.

• • • • •

I sat on Bobby's bed and waited, staring at the ravaged corpse. I didn't cry or get hysterical or get down on my knees to pray for Bobby's soul. Afraid that the police might arrive and find the coke, I hid the shopping bag in the kitchen, under the sink. Then I cleared the dishes and put everything in the dishwasher. I was in the kitchen when the door opened and Joel came in. Speechless, I looked at him. He instantly knew because he froze on the spot, closed his eyes and clenched his fist. I walked up to him and we embraced and burst out sobbing aloud, clutching at one another, saying nothing.

Later, in the bedroom, I was recounting to Joel my last conversation with Bobby and how he had died, when the bell rang. I let Bobby's mother in. "How are you, Doña Leticia?" I said. "I'm so glad you're here."

We had never liked one another. She was the stereotypical "stage mother." All her adult life she had worked extremely hard to give her son everything she had lacked—including great ambition. But this sacrifice had dehumanized her; she seemed more like Bobby's trainer than his mother. He loved her, but had been afraid of her, and courted success desperately to make his mother proud.

She walked to the bedroom door and looked in. When she saw Joel sobbing quietly, she turned to me. "Santiago, what's the matter? Tell me!"

Lowering my eyes, I said, "He's dead."

Doña Leticia remained by the door, but she started banging her fists and her forehead against the door frame. She cried loudly, pulling her hair as if she were Juana La Loca. Doña Leticia, who was a bilingual secretary in Colombia, spoke English well enough. Pointing a finger at Joel, she screamed shrilly, "You killed my son. Murderer, murderer. You killed my son. Goddamn you for turning Bobby into a homosexual. Bobby was no *maricón*. Not my son. I hate all homosexuals," she screamed, turning to face me accusingly. "I hate them all. I hope they all die of this plague. I hate New York."

After venting her hatred of homosexuals, she turned to Joel. "Where are the papers?" she demanded. "I wanted those papers! Don't think you're going to steal Bobby's money. I know my son left me a lot of money and I'm not going to let you steal it, you dirty Jew. I'll hire the best lawyer in New York, and you'll go to jail, you crook. That's where you belong, you degenerate corrupter. My son was a millionaire," she ranted. "I know that. Don't think I'm a stupid Colombian. I'll have my brothers come here and they'll kill you. Give me the papers!" Like an angry lioness protecting her prey, she paced back and forth in front of the door, growling. Joel ignored her. I took a chair in the living room, beginning to get really pissed. I felt that Bobby deserved much better, especially from his mother. Maybe this was the only way Doña Leticia could express her grief, but even now that her son was dead, she refused to enter his room. I thought about how heartbreaking it must have been for Bobby that his own mother would shun him when he was dying. All of a sudden, I could feel no compassion for her. I was angry. I was about to grab Doña Leticia by the shoulders and give her a good shaking when the bell rang. It was my mother.

ESTO (TAMBIEN) ES CUBA, CHAGUITO
José Kózer

A Cuban poet living in New York for almost three decades, José Kózer is the author of many volumes of poetry, the most recent of which are: *Jarrón de las abreviaturas* (México: Editorial Premia, 1980), *La rueca de los semblantes* (León, Spain: Instituto Fray Bernardino de Sahagún, 1980) *Antología breve* (Santo Domingo: Editorial Luna Cabeza Caliente, 1981), *Bajo este cien* (México: Fondo de Cultura Económica, 1983), *La garza sin sombras* (Barcelona: Ediciones Libres del Mall, 1985), and *El carrillón de los muertos* (Buenos Aires: Ediciones Ultimo Reino, 1987).

Kózer's poems, many of which have been translated into English, French, Hebrew, Italian and Portuguese, have appeared in many major anthologies and have attracted the attention of various important literary critics. Combining his artistic activities with his duties as an educator, Kózer has for many years taught in the Department of Romance Languages at Queens College, CUNY.

Yo tengo un trabajo en prosa. Es algo que no suelo hacer; así es que pido disculpas de antemano, porque la prosa no es lo mío. He intercalado en el trabajo unos poemas que son antiquísimos, Son poemas de otra época, pero en realidad eran los únicos que correspondían a este panel. Lo he titulado "Esto también es Cuba, Chaguito". Hay una frase popular cubana que dice "esto es Cuba, Chaguito". Es un modo de decir, ésta es nuestra identidad. Esto es algo criollo. Claro, yo soy cubano y soy judío simultáneamente. Siempre tengo el problema de que me planteo una y otra vez cómo decir esto: soy cubano y soy judío y ahí hay un orden linear; o soy judío y soy cubano. No lo sé. Pero hay que decirlo de algún modo. De manera que lo que hago aquí es incrustar desde la perspectiva de un muchacho de unos 13 ó 14 años, preguntándole a un padre y unos tíos por qué han venido a Cuba. Desde esa perspectiva hago este pequeño trabajo en prosa sobre estos judíos que llegaron a La Habana a finales de los años '20 e intercalo unos poemas que comparto con ustedes.

* * *

¿Y por qué Cuba, tío? Su voz redonda, pausadamente rabínica, explica: Sitio de espera mientras se tramita el permiso de entrada al Norte. ¿Y por qué te quedaste? Bueno, aquello de los papeles se alargaba, esto me fue gustando, me abría camino. Además (baja la voz) soy un sensualista.

Mil novecientos veintinueve, verano: el buque trasatlántico SS Bremen surto en el muelle de San Francisco, la maleta de cartón ánimo al ánimo, baja la pasarela, entronca en la Avenida del Puerto. Edad, diecisiete años; estatura, cinco siete; peso, ciento diez libras (¿y eso que años después lo llaman Barrilito?). Traje negro a rayas (le queda corto, sobre todo corto de tiro), zapatos regastados, corbata de óvalos. En la cabeza luce la *yarmulka*, dos tirabuzones cuelgan sobre sus redondas orejas. En el bolsillo, un apunte: la dirección del amigo de un amigo, de uno de sus amigos del *shtetl* que dejó hace unas semanas allá en Hungría. En la cabeza, la joven cabezota intelectual, unas primeras palabras en idioma español, incluso (cree) ya dichas sin acento judío, sin esas rrrr carraspeadas de los judíos, sin esas rrrr que se sostienen largamente en el fondo de la garganta: San Rafael, aunque crea que así se dice calle en español; sabe decir, a la vez que extiende el corto brazo ancestral de los judíos, como buscando un horizonte (siempre nuevo, siempre la diáspora salir viajar cambiar transmutarse, errar). Y por supuesto que ya aprendió a decir gracias de nada: gratzias gratzias. Se podrá defender.

Tío Samuel, el Argonauta, llegó a La Habana, julio de 1929, 17 años de edad, se asustó al ver tanta gente de color transitando las calles de la Avenida del Puerto, por poco se le cae el maletón de las manos cuando vió al primer negro. Se le salieron los ojos de las cuencas, ojos sensuales, cuando pasó bailoteando tan ceñida, tan buena y jacarandosa ("con tus nalgas en vaivén/de Camagüey a Santiago, de Santiago a Camagüey") aquella negra del lugar. Esto es para mí, se dijo: y al día siguiente se cortó los tirabuzones.

El amigo del amigo lo recibió en su casa. Tomaron un *schnapps*, ya el calor de la tarde lo mareaba, traía hambre: y se sentaron a la mesa, la mesa destartalada con las dos sillas de pobres del cuarto alquilado de los emigrantes. Y el amigo del amigo, con sus propias manos le sirvió el plato, plato único, pero abundante. Tío Samuel se sobresaltó ¿Qué es?, preguntó en su gutural yiddish, volvió a preguntar en húngaro, su segundo idioma. Y el amigo del amigo, riendo: eso se llama frijjoles negrros, potajje de frijjoles negrros. Y mi tío fue lentamente desgranando esas primeras palabras extrañas: frijjoles negrros; potajje. Y le dijo al amigo del amigo, en yiddish: oye, ¿y aquí todo es negro?

A la semana se había quitado los *pelles*, ya mercaba. De lo que vendió, compró y lo que compró, revendió. Al año tenía su taller relojero. Y asistía a los bailes dominicales del Centro Israelita. Entre correctos danzones, boleros suaves y la máxima emoción de alguna *jora* cuajada de ensoñación sionista se empezó a codear con las nuevas chiquitas del país (polaquitas), hizo amigos entre muchachos que como él no hacía mucho se habían recortado las entalcadas guedejas de los judíos, reapareciendo, todos modernos.

Centro Israelita, velada dominical, un bailable. Tío Samuel cita a Buber, versículos completos de la *Torá*, las palabras de Dios (en el original). Mi padre lo rebate, anhela otra cosa. Son amigos, aunque a regañadientes, aunque las dos corrientes de pensamiento e intereses sean, en el fondo, incompatibles. Tío Samuel denosta como un Isaías, mi padre cita a Marx. Tío Samuel levanta un brazo profético, clama en el desierto, señala el camino que le señalaron milenariamente Jeremías, Job, Ezequiel; mi padre contrataca con citas de Engels, resúmenes utópicos, habla del sueño de Kropotkin, los ideales de Owen y Cabet, y hasta del maravilloso y loco falansterio de Fourier, la anarquía y el cooperativismo (cosas de *goi*, cosas de los *kristlejers*, de los cristianos, dice tío Samuel); y mi padre riposta exaltandose con la figura barbuda, gigantesca de Bakunin (pero si era un impotente sexual, dice tío Samuel) y exaltado arenga, dice y se contradice, habla de las sociedades libertarias y si no fuera porque la orquesta rompe de pronto con un danzón antañoso, se hubiera puesto a cantar a voz en cuello la Internacional.

Ya se pelearon otra vez. Tío Samuel dice religión; papá dice revolución. Tío Samuel dice Zión, sionismo sionismo; papá dice 1917 Lenin Trotski la Revolución de Octubre Plaza Roja. Y mi tío lo calla de golpe recordándole cómo Stalin, el camarada Stalin, tiene cada vez más poder.

Y ya intercambian palabras medio en yiddish pespunteado de ruso, de polaco, de húngaro (el grueso idioma) y un español chapurreado que mejora a pasos agigantados en mi tío Samuel, hace sus primeros pinos y se atasca, se estanca para siempre en mi padre. Mi padre que nunca perderá su acento judío, su acento polaco, que amará a Cuba y el español sin poderlo expresar pues cada vez que abre la boca, el borbotón terco de su idioma natal le atrofia la fluidez del nuevo idioma.

GRAMATICA DE PAPA

Había que ver a este emigrante balbucir verbos de yiddish a español
había que verlo entre esquelas y planas y bolcheviques historias
     naufragar frente a sus hijos,
su bochorno en la calle se parapetaba tras el dialecto de los
     gallegos, la mercancía de los catalanes,
se desplomaba contundente entre los andrajos de sus dislocadas
     conjugaciones
decía va por voy, ponga por pongo, se zumbaba las preposiciones,
y pronunciaba foi, joives decía y la calle resbalaba,
suerte funesta déspota la burla se despilfarraba por las esquinas,
y era que el emigrante se enredaba con los verbos,
descargaba furibunda acumulación de escollos en la penuria de los
     trabalenguas
hijos poetas producía arrinconado en los entrepaños del número y
     desencanto de las negociaciones,
y ahora sus hijos lo dejaban como un miércoles muerto de ceniza,
sus hijos se marchaban hilvanando castellanos,
ligerísimo sus hijos redactando una sintaxis purísima,
padres a hijos dilatando la suprema exaltación de las palabras,
húmedo el emigrante se encogía entre los últimos desperfectos de
     su vocabulario rojo,
último padecía para siempre impedido entre las lágrimas del Niemen,
     fin de Polonia.

Biografía: David, Duvidl, Duftche. Judío polaco, veinte años de edad, llega a La Habana, 1927. Idealista, apoya al Bund, luego a Trotsky, a los bolcheviques. Padece cárcel, por ideólogo, por revoltoso, por rebelde y revolucionario. En la cárcel estudia, dedica horas a aprender a escribir polaco pues en su *shtetl* sólo se enseña a los chiquillos a leer y escribir yiddish. Se considera, luego de ciertas experiencias, de ciertas lecturas, marxista. Un marxista de la primera época, anterior a Stalin: demócrata, abierto. Una sociedad abierta. Una sociedad justa. La Utopía.

Llega a Cuba, 1927. ¿Y por qué te fuiste, viejo? No aguantaba a mi viejo, me dice. Era un fanático, y nos mataba de hambre: era un tacaño. Me dio pena por mamá, la pobre, chiquitica y sola entre cinco hombrotes que sólo pensábamos en comer, gritar, trabajar, hacer el amor. Me tuve que ir. Tenía otras ideas. No quise ir al *jeder*, no quise que luego me metieran en una *yeshiva*, quise hablar polaco, leer y escribir polaco; yo era polaco. Y por eso me fui. ¿Y por qué a Cuba? Hijo, como todos: a esperar los papeles para irme al Norte. Pero me enamoré de esto. Igual que todos.

Mi padre merca, gana, revende. Guarda y aguarda. Se incorpora, se va asimilando, integrándose. Sueño de integración, sueño internacionalista. El polaco se hace cubano. El judío se vuelve cubiche. Se aplatana, soy uno más, éste es mi pueblo. Sin embargo, abre la boca, habla español, y todo se derrumba. Maldita lengua, maldito idioma trabalenguas que no puedo. Y si escribe en español no se le entiende: qué letra, qué jerigonza su palabra escrita. Escribe y habla un yiddish pulcro, esmerado: con el español no puede. Eso, le duele; es lógico. Lo anula, lo encierra (cada vez más). Habla (cada vez menos: cae en un mutismo grave, despide silencio por los poros). El viejo se siente fracasado. Le falla el idioma, le fallan las ideas, le falla la Internacional, el sueño utópico, el mito de Paz. Triunfa el camarada Stalin. Trotsky expulsado. Traición roja. La bandera de paz se vuelve bandera de guerra, pacto con el enemigo. Stalin vendepatria le hace el juego a Hitler. Imperdonable.

MI PADRE, QUE ESTA VIVO TODAVIA

Mi padre, que está vivo todavía,
no lo veo, y sé que se ha achicado,
tiene una familia de hermanos calcinados en Polonia,
nunca los vio, se enteró de la muerte de su madre por telegrama,
no heredó de su padre ni siquiera un botón,
qué sé yo si heredó su carácter.
Mi padre, que fue sastre y comunista,
mi padre que no hablaba y se sentó a la terraza,
a no creer en Dios,
a no querer más nada con los hombres,
huraño contra Hitler, huraño contra Stalin,
mi padre que una vez al año empinaba una copa de whisky,
mi padre sentado en el manzano de un vecino comiéndole las frutas,
el día que entraron los rojos a su pueblo,
y pusieron a mi abuelo a danzar como a un oso el día sábado,
y le hacían prender un cigarrillo y fumárselo en un día sábado
y mi padre se fue de la aldea para siempre,
se fue refunfuñando para siempre contra la revolución de octubre,
recalcando para siempre que Trotsky era un iluso y Beria un criminal
abominando de los libros se sentó chiquitico en la terraza,
y me decía que los sueños del hombre no son más que una falsa literatura,
que los libros de historia mienten porque el papel lo aguanta todo.
Mi padre que era sastre y comunista.

Nace el Mitómano. El inventor. Un pie en la realidad, en los hechos, en lo sucedido: un pie en el aire, en lo que debió suceder. El Mitómano cuenta, me dice, quiere que lo escuche. Y reitera, recuenta, aumenta la misma anécdota, la misma pequeña perorata doméstica. Y con su viejo acento judío recalca acontecimientos, ¿reales? ¿tergiversados? Vamos al Balneario La Concha y desde que salimos entra en acción: su *Simulacro*.

El Mitómano, habla; inventa. Yo escucho, reinvento. El vínculo se ha establecido, el pacto de la sangre. Soy su diáspora, su errancia, su desilusión. Soy su voz, su palabra inadecuada, imposible, incomunicable. Soy su nerviosismo a la hora de hablar. Y me controlo para que él hable. Para que su Espíritu por mi lengua hable.

TE ACUERDAS, SYLVIA

Te acuerdas, Sylvia, cómo trabajaban las mujeres en casa.
Parecía que papá no hacía nada.
Llevaba las manos a la espalda inclinándose como un rabino fumando
　　　　　　una cachimba corta de abedul, las volutas de humo
　　　　　　　　　le daban un aire misterioso,
comienzo a sospechar que papá tendría algo de asiático.
Quizás fuera un señor de Besarabia que redimió a sus siervos en
　　　　　　　　　　　épocas del Zar,
o quizás acostumbrara a reposar en los campos de avena y
　　　　somnoliento a la hora de la criba se sentara encorvado
　　　　　　bondadosamente en un sitio húmedo entre los helechos
　　　　　　　　con su antigua casaca algo deshilachada.
Es probable que quedara absorto al descubrir en la estepa una
　　　　　　　　　　　　　　manzana.
Nada sabía del mar.
Seguro se afanaba con la imagen de la espuma y confundía las
　　　　　　　　　　　anémonas y el cielo.
Creo que la llorosa muchedumbre de las hojas de los eucaliptos
　　　　　　　　　　　lo asustaba.
Figúrate qué sintió cuando Rosa Luxemburgo se presentó con un
　　　　　opúsculo entre las manos ante los jueces del Zar.
Tendría que emigrar pobre pap a Odesa, a Viena, Roma, Estambul,
　　　　　　　　　Quebec, Ottawa, Nueva York.
Llegaría a La Habana como un documento y cinco pasaportes, me lo
　　　　　　　　　imagino algo maltrecho del viaje
Recuerdas, Sylvia, cuando papá llegaba de los almacenes de la calle
　　　　Muralla y todas las mujeres de la casa Uds. se alborotaban.
Juro que entraba por la puerta de la sala, zapatos de dos tonos, el
　　　　　　　traje azul a rayas, la corbata de óvalos finita
y parecía que papá no hacía nunca nada.

Conversation/**Conversación**

The Writers and the Audience/**Los escritores y el público**

Participants/**Participantes:**

Silvio Torres-Saillant
Juan Manuel Rivera
Esteban Torres
Marco Antonio
Tania León
Pedro R. Monge
Ramona Hernández
Julio Marzán
Evelyn de Jesús
Luis Castillo
Beatriz Rizk
William Rosa
Benjamín Alvarado

SILVIO TORRES-SAILLANT: Now our guests will be so kind as to entertain some questions or comments that you may have. I'm going to ask my friend Carlos Rodríguez to serve as the moderator.

JUAN MANUEL RIVERA: Muchas veces uno lee en biografías y en comentarios que se escriben sobre escritores y sobre otras personas en torno al exilio voluntario. El señor Martín y la señora Glickman hablaron en términos parecidos. Ella habló de transtierro como una forma de ejercer el derecho a irse del país en forma voluntaria. ¿No les parece a ustedes que hay que empezar a cuestionarse el tal término de "exilio voluntario"? ¿No podría ser que ciertas condiciones insostenibles para una persona la empujen a irse del país, sean condiciones culturales, políticas, económicas, familiares, amorosas, o la razón que fuera, y que el tal "exilio voluntario" es posiblemente un exilio obligatorio?

NORA GLICKMAN: Yo estoy completamente de acuerdo con lo que usted dice. Me parece que el término "exilio voluntario" sería no solamente aceptable sino que también define lo que usted está expresando. La palabra transtierro solamente pensé que iba a denotar lo que se conoce por cambiar de tierra. Cuando se habla de exilio justamente las connotaciones son políticas o vienen como empujadas por todo una presión del país de donde se viene. Aquí en este país todavía no se aceptan muchas veces los exilios como tales. Eso es algo justamente que tendríamos que trabajar y hablar con mucho más detenimiento: a qué se llama exilio. También se podría hablar no solamente del exilio del que se va sino también del que se queda, el exilio interior. Y a eso no me referí yo en los cuentos pero estoy de acuerdo que es un tema muy importante de verdad.

MANUEL MARTIN: Yo pienso que aunque yo volviese a mi país de origen todavía me iba a sentir un poco como un exiliado. Yo creo que muchas veces la palabra exilio uno la define con el sentido de salir de un país. Yo creo que hay quien estando en su país se siente completamente alienado y completamente exiliado del resto de la sociedad. Yo creo que Magali Alabau dice en su poesía que el exilio va más allá del exilio por razones políticas, por cualquier razón que tú quieras. Si quieres decir que te has ido porque escogiste irte, está bien. Yo me siento tan exiliado cuando voy de visita a Cuba como cuando estoy aquí como cuando estoy en cualquier parte. Yo no sé si a lo mejor nunca voy a encontrar el lugar donde yo me sienta y diga: éste es mi lugar. Yo creo que el daño está hecho.

JOSE KOZER: A mí me parece, Juan Manuel, si me permites una reflexión que quizás habría que "a raja tabla" diferenciar dos cosas. Una es que desde un punto de vista técnico la palabra exilio tiene unas connotaciones muy claras. Realmente exilio quiere decir exilio por razones políticas, o sea un desacuerdo con una situación política. Luego está la cosa del emigrante y eso es también muy concreto. No se emigra normalmente sin razón. Nadie quiere salir de su país. Nadie quiere vivir fuera de su lugar natal, casi nunca. Se emigra por razones normalmente económicas más que por problemas amorosos. Ahora lo que yo quisiera establecer es que si ese es un lado de la moneda hay otro lado de la moneda que para mí es mucho más complejo. Tiene que ver con lo que acaba de decir Manuel. Es decir, no olvidemos que el primer gran mito judío-cristiano es el mito de la expulsión del paraíso. O sea, el ser humano por condición absoluta, yo creo que toda persona es en primera y última instancia un exiliado, un transterrado. Quizás el escritor es quien mejor lo palpa porque está más en contacto con su inconsciente y es el que mejor, de alguna manera, entiende esto. De ahí el concepto de exilio voluntario. Yo no estoy contento en ningún sitio. Yo no estoy contento dentro de mi piel que se tiene que morir. No estoy contento en mi casa que se tiene que caer, ¿comprendes? Entonces, dada esa condición, estoy inquieto. Estoy inquieto porque tengo que morir. Estoy inquieto metafísicamente. Como estoy inquieto metafísicamente, pues estoy buscando siempre otro lugar. Y ese es mi más profundo exilio, sinceramente, no el hecho de ser un cubano que tuvo que salir de Cuba o ser hijo y nieto de judíos que tuvieron que salir de sus respectivos nobles países. Entonces, quizás ya sea hora también de empezar a aclarar estos términos porque se abusa muchos de ellos. Se abusa mucho de ellos para que ciertos vividores vivan bien, ¿no?

ESTEBAN TORRES: Siguiendo la misma dirección sobre la característica del exilio, yo querría comentar algo en relación a esto. Por ejemplo, el abordar el problema del escritor y del poeta dentro del contexto del exilio como lo ha definido Kozer sería básicamente una expresión semiológica del problema. Pero también hay otras lecturas del exilio. Hay lecturas histórico-sociales. Aparte de la lectura que ha definido concretamente el exilio cubano, hay un dato muy importante en relación al exilio puertorriqueño. Cuando se da el proceso de "manos a la obra" en Puerto Rico a mitad del siglo, previamente ya se había planificado directamente un proceso de exilio creado desde el poder. Ya se habían establecido las bases para que un conjunto emigratorio viniera a los Estados Unidos a trabajar directamente en las funciones agrícolas. En ese sentido, el puertorriqueño que decidió venir porque quería venir al territorio norteamericano a ganar más dinero vino aparentemente de forma voluntaria. Pero, en realidad, hay un mecanismo histórico interno que, producto de las relaciones establecidas (relaciones históricas, relaciones de clase social, relaciones de poder,) había determinado ese exilio. En el caso último de los dominicanos, que se están muriendo entre Santo Domingo y Puerto Rico, aparentemente el individuo sale voluntariamente de su territorio. Pero si hacemos un poco de historia nos damos cuenta de que en el 65, a raíz de los conflictos sociales en Santo Domingo, y de una intervención militar, se determinó crear un sistema de válvula de escape, limitado hasta cierto punto, que produjo una salida emigratoria masiva. El exilio prosiguió su curso producto de la realidad económica, producto de realidades sociales, políticas, etc. Eso significa, entonces, que el proceso del exilio hay que estudiarlo bien a profundidad. O sea, que yo estoy de acuerdo en que aparte de ese contacto con el inconsciente del escritor hay otras lecturas de la realidad del exilio, como es la realidad histórico-social.

MARCO ANTONIO: Yo he quedado impactado con toda esta conferencia. Pero tengo una pregunta a José y es la siguiente: ¿Tu papá llegó a ver la revolución en Cuba?

JOSE KOZER: Bueno, es un caso curioso y lo resumo muy brevemente. Mi padre se había sentido desilusionado a raíz de la toma del poder en Rusia por Stalin y todos los crímenes no sólo contra semitas sino contra su propio pueblo. Mi padre era un hombre de ciertos ideales con los cuales podemos estar de acuerdo o no, pero eran sus ideales. Además, eran ideales de época. En los años 30 el que no era comunista era un imbécil, así como hoy en día creo que el que lo sea puede ser un poco torpe, ¿no? Entonces, era un hombre que se había desilusionado. Sin embargo, cuando Fidel Castro tomó el poder en Cuba mi padre se sintió conmovido y sumamente interesado en el proceso. Durante más de un año y medio se sintió rejuvenecer, por así decir. Veía aquello con ojos muy buenos, muy generosos y ojos alegres. En un momento dado, yo, por inquieto, porque yo no soy un hombre político ni me interesa la política, pero por inquietud, decidí irme de mi país. Y me fuí por inquietud y porque había ciertas cosas de naturaleza política que a mí no me interesaban. Mi padre me dijo: "no te vayas, esto se está poniendo bueno", o me dijo: "esto se está poniendo boino", ¿no? Y yo estuve en desacuerdo. Es decir que el hombre volvió a su vieja ilusión. A los dos años y medio dijo: "no, esto no es para mí." Y no porque le quitaran un negocio o ninguna cosa de ésas. No, no se trataba de eso, sino porque veía ciertas cosas que le recordaban otras.

MARCO ANTONIO: Pensé en él porque en este caso son dos golpes. O sea, estamos hablando de golpes que han sido únicos. Pero en el caso de tu padre han sido dos golpes, han sido dos golpes diferentes.

JOSE KOZER: Pero yo a eso no le atribuyo gran importancia. Yo creo que, por ejemplo, digamos, cualquier pueblo latinoamericano sólo ha sufrido aún un golpe porque somos pueblos muy jóvenes. Pero un pueblo asiático como China, como Japón, un pueblo como el pueblo judío, claro que ya ha sufrido dos o más golpes porque lleva 5.000 años sobre esta puñetera tierra. Cuando los cubanos llevemos 5.000 años en esta puñetera tierra habremos sufrido también dos golpes. Esto es indefectible. Yo creo que esto es el destino de los seres humanos. Eso es que yo soy un pesimista. Esto no tiene arreglo.

SILVIO TORRES-SAILLANT: Mi comentario va más bien dirigido a Manuel Martín. También va, hasta cierto punto, y aquí sirvo como una especie de abogado del diablo, en contra de José Kózer. Me pregunto hasta qué punto la preocupación por la condición de ese exiliado existencial que describe José Kózer no tiende a obviar o a hacer que uno pierda de vista el exilio inmediato socio-histórico en que se encuentran los personajes de *Union City Thanksgiving*.

MANUEL MARTIN: Bueno, déjame decirte que yo en el momento que tuve que escribir, de verdad oí a los personajes y oí cosas que en realidad muchas veces no quería oir. Precisamente yo una vez tuve una entrevista con una persona que no tenía el mismo punto de vista mío pero en quien al final vi que había un gran amor por la familia. Cuando esa persona me tocó el corazón yo escribí su caso. Además puse su caso completo. Por eso fue que *Swallows* fue una obra que fue amenazada. A nosotros nos dijeron que no la montáramos. Se montó gracias al valor de los actores. Yo a los actores de *Swallows* no tengo con qué pagarles, porque esos actores salieron a escena la primera noche sabiendo que podía haber una bomba en el público. Es una cosa muy grande. Yo puse a una mujer que me conmovió en Cuba. Ella pertenecía al partido y me dijo toda la historia de cómo a su marido lo habían matado en un atentado que hubo en Cuba. Había muerto en un avión. Al final, después que me dijo toda la historia completa, me dijo que tenía un hijo en los Estados Unidos. Me dijo: "él tiene que volver a este país a visitarme a mí. Yo no tengo que ir allá." Me dijo: "pero para mí él es tan importante como esta revolución." Eso yo no lo podía dejar de poner porque me tocó el corazón, me tocó a mí, me tocó. Y yo me dije: esto le toca, le tiene que tocar, a cualquier persona porque una persona de izquierda o una persona revolucionaria es un ser humano, tiene los mismos problemas que tenemos nosotros de este lado de acá. Aunque yo no comulgue con toda la idea aquella, ni vaya a vivir a Cuba, ni nada de eso, tengo el derecho como "reporter" de mi tiempo (ya que me parece que un escritor de teatro tiene que ser un reportero de su tiempo) el derecho y el deber de poner las dos partes. Creo que sin la otra parte entonces no hay conflictos, ¿comprendes? Y yo sí lo he hecho. Yo sí lo oí. Yo creo que ahora ya he hecho dos obras sobre la familia cubana, sobre esos problemas, y quiero seguir adelante con otras cosas porque ya eso lo resolví. Yo escribí una obra en Uruguay acerca de los uruguayos y voy a escribir una obra ahora sobre Pancho Villa. ¿Y por qué no? Si a mí me interesa escribir desde el punto de vista de las mujeres de Pancho, ¿por qué no voy a escribir eso? Entonces tampoco se te puede encasillar.

SILVIO TORRES-SAILLANT: Me gustaría saber si José Kózer cree que con dirigirse al problema existencial, con eso ya está resuelto el otro inmediato, el de le vida diaria.

JOSE KOZER: Yo no veo que lo que tú has dicho me contradiga. Yo creo que lo cortés no quita lo valiente. La preocupación mía es un poco más central con lo que ustedes llaman ahora el problema existencial y un poco menos con respeto a este rollo soci-económico, socio-histórico. Hace un rato alguien se reía cuando yo dije que no soy un hombre político. Yo no soy un hombre político en el peor sentido de la palabra. Es que a mí esa cosa me da dos vueltas. Acabo no entendiéndola y se convierte en una monotonía y no quiero aburrirme. No, yo esas cosas, estas terminologías, no las manejo. Eso es todo. Yo manejo otra terminología un poco más infantil. Entonces, lo que yo creo que estamos es (y es un peligro) cayendo en un pequeño encasillamiento. Aquí estoy yo como el abanderado de la cosa existencial. Y entonces aquí está él como el abanderado de la cosa social. Y no es así. Tú sabes perfectamente que no es así. Yo soy una persona muy fluida y por eso digo y repito: lo cortés no quita lo valiente. Las palabras de Manuel rozan mis palabras. De manera que su mundo roza mi mundo y su escritura no es ajena a mi escritura. Yo leí unos poemas hoy que son realmente antiquísimos. Son poemas que yo hice a principios de los años 70. Yo la poesía que hago ahora no tiene absolutamente nada que ver con esto y no me atrevería a leerla en público porque es demasiado densa y no es una poesía que se presta para un público. Pero esto no quita que yo tenga esas preocupaciones también. Lo que sucede es que en este momento de mi vida, pues, no las estoy manejando, quizás por saturación. No creo que haya contradicción. Nos llevamos muy bien.

CARLOS RODRIGUEZ: Ya que se trata de un diálogo con el público, a mí me gustaría, o tengo curiosidad por saber, si hay alguna otra persona de un país que no está representado en el panel que considera que tiene una experiencia diferente a la que se ha planteado.

TANIA LEON: Yo diría que voy a hablar de una experiencia que es individual. A pesar de estar representada por un país que se llama Cuba, me siento cada día que no estoy representada por ningún país. Hablo de lo siguiente: estoy hablando del exilio y de lo que significan los cambios fenomenales que pueden haber dentro de una persona en su creación. Mi familia es una familia de personas que vinieron de diferentes países, diferentes razas. O sea, que yo tengo el cuento de un abuelo chino con un abuelo español mezclado con una negra cubana con otro pedazo de familia que viene del sur de Francia. Y ninguno hizo el cuento. Ninguno nos dijo nada. No sabíamos nada. Yo no sé nada de mis antecesores. Sólo sé que vinieron de diferentes partes del planeta y se ubicaron en Cuba. Hoy día yo llevo 21 años en este país y me siento cada día más planetaria. Es como si yo no tuviera nada que ver con un sólo lugar. Voy a Cuba y tengo que ver con Cuba. Vengo aquí y tengo que ver con Harlem, donde trabajé por doce años. No sé si eso tiene que ver con toda esa mezcla de todas aquellas personas que vinieron de diferentes lugares y no nos hicieron el cuento. Yo no tengo el cuento del abuelo que me dijo que él estaba en la revolución del año 17. Ni tengo el del chino que nos explicara por que el vino de China. Ni tengo el del francés que vino un día en un barco de marino y tuvo una relación con mi abuela y de ahí nació mi mamá. O sea, que no tengo una explicación de nada. Entonces, en cuanto al ente que yo he creado, ya sea por sangre, por género, o por lo que sea, me siento extraterrestre dentro del propio planeta. Pues yo he venido a los Estados Unidos. Yo en los Estados Unidos confronto una serie de situaciones por ser mujer, por ser mujer de piel oscura, por ser mujer que viene de Latinoamerica, por estar envuelta en música clásica, por hacer una cantidad de cosas que son monstruosas y no tienen codificación. O sea, que sencillamente la cuestión del exiliado o repatriado o de sentirse de otro lugar, en mi caso se está convirtiendo en una cosa bastante difícil de interpretar. Se me dificulta situarme adónde pertenezco.

CARLOS RODRIGUEZ: ¿Pero ese no poder situarse, lo ve como un problema, como un obstáculo?

TANIA LEON: No, no lo veo como un problema porque he comenzado a sentirme terrestre, planetaria, en vez de localista.

JOSE KOZER: Yo creo que en cierta medida, Tania, hay algo conmovedor en todo este proceso histórico que todos estamos viviendo en nuestra propia carne. Mira, ahí tienes a mano izquierda a un puertorriqueño, Carlos, que se identifica con la cosa mozárabe; tienes a un señor cubano a mano derecha que nos acaba de decir que en Uruguay hace una obra sobre uruguayos; tienes a una señora argentina que está hablando en español y usando (ante un público que no sabe ni puede ni tiene por qué saber) mil palabras yiddish sin traducirlas, libertad que yo no me tomé, o aquí tienes a un colombiano, que ha llegado no hace demasiado tiempo, hablando un inglés y leyendo un inglés, sintiéndose como si fuera de acá. Es decir, algo nuevo ha sucedido donde tus palabras para mi son fundamentales. "Yo soy", dices tú, "planetaria y en cualquier sitio estoy bien y estoy mal." Ese era mi discurso anterior: el estar bien o estar mal ya no tiene tanto que ver con el lugar. Un último comentario es el siguiente. Al tú decir que ellos no te hicieron el cuento, te aseguro que a mí tampoco me lo hicieron. Yo me lo he inventado todo, que es la función del escritor. Esta gente que nos trajo al mundo estaba demasiado preocupada con la cama, con la comida, y no tenía tiempo para cuentos. Los cuenteros somos nosotros.

PEDRO MONGE: Yo quiero simplemente hacer una presentación. Estoy seguro de que la mayoría aquí conocemos a Tania León. Ella dijo ser una mujer negra y otras cosas, china y francesa, etc. Es también una mujer conocida en la música clásica de Estados Unidos. Tania ha compuesto para obras que han estado en Broadway y en muchos lugares más. Incluso fue la compositora de la música del Bicentenario en Estados Unidos.

RAMONA HERNANDEZ: Oyéndoles a ustedes de repente me confundo. Al principio cuando le oí a usted, señor Manuel, y hablaba de una de las composiciones suyas, un personaje se quedó fijo en mi memoria.

Recuerdo a José Ramón por las cosas que decía. José Ramón se va a Cuba, ve la bandera cubana y de repente se siente que por fin se encuentra, cuando regresa a Cuba después de estar un tiempo largo en los Estados Unidos. Entonces, José Ramón me recuerda a tantos chicos y tantas chicas y tantos dominicanos adultos en la comunidad dominicana que sienten el dolor de que no se entienden. No saben quiénes son. Entonces, me confundo porque escucho al señor Kózer y la escucho a usted, señora, que cuando hablan de trasladarse de un lugar al otro, pues, no hay dolor alguno. Todas las experiencias nuevas que adquieren resultan muy bien, ¿no? Las mezclan y salen siendo seres humanos muy buenos y todo está muy bien. Entonces, yo me confundo porque en mis experiencias con los hispano parlantes, en mis experiencias personales, lo que veo más bien es a José Ramón en todo momento y ese cuestionamiento: ¿quién soy yo?, ¿a dónde voy?, ¿de dónde vengo? Entonces me confundo de verdad. Hasta ahí mis palabras. No era pregunta. Es un comentario de las dos cosas que veo.

JOSE KOZER: A mí me parece en cuanto a esta confusión que te atribuyes con respecto a este personaje, a este José Ramón, que si volvieras a ver a José Ramón dentro de 20 años no te confundirías. Es decir, claro, yo creo que eso es un poco el proceso de lo que es la emigración. En el fondo se emigra para una mejor vida. Y no quiero presentarme como una persona cínica porque no lo soy, sino que simplemente quiero situar las cosas en su lugar. Repito que este muchacho de 20 años, recién llegado, o este dominicano que tú ves y que está desgarrado, y que a mí me parte el corazón verlo desgarrado, en 20 años no va a estar tan desgarrado. Va a tener una vida muy rica. Va a tener una vida que es suya y dominicana y yo creo que mucho más planetaria. Eso es todo.

NORA GLICKMAN: Bueno a mí me parece que lo que escogí aquí fueron cuentos que narran un aspecto. Sí, el personaje está contento, está satisfecho y se podría hacer otros en los que precisamente pasa lo opuesto. A mí me parece que muchas veces ayuda la vuelta al país de uno para tomar posición otra vez de dónde está. Uno empieza a reconciliarse con lo que tiene cuando vuelve y decide dónde quiere quedarse. Por mí, de mi parte, yo siempre pensé que me iba a mudar a otra parte, que iba a seguir andando, hasta hace muy poco. Y estoy aquí, como dije, desde hace más de un cuarto de siglo. Además, las inquietudes a veces se traducen no solamente en las preguntas concretas, es decir, estoy mal o estoy bien aquí, sino en cosas del subconsciente que no te dejan vivir tranquila. Eso también es parte. Hay que saber leer entre líneas también. Puede ser que todo esté demasiado tranquilo, que las aguas estén demasiado calmas y que empieces a preguntarte, ¿qué más da? Entonces es cuestión de leerlo así.

JULIO MARZAN: Yo quiero hacer un comentario sobre algunas cosas que se dijeron aquí. No estoy de acuerdo con José al sugerir que poseer el idioma te hace sentir de aquí. Todo lo contrario, yo creo que hace sentir a uno más enajenado todavía. Otra cosa es que yo sé que esta cuestión de la inmigración tiene tantos matices que se hace difícil en un panel o una conversación tratar de abarcarlos a todos. Hay lo que somos nosotros, es decir yo, Beatriz y algunos más, personas que llegamos aquí a una edad bien joven que ni decidimos si somos ni exiliados ni no exiliados. Sencillamente no se decidió nada. Sencillamente estábamos aquí. Y a la misma vez, ¿adónde llega uno? Tengo compañeros en la misma situación. Yo vengo de una clase obrera originalmente y sé lo diferente que es llegar de una familia de mucho más cultura que la mía y cómo eso le permite a uno integrarse a otra sociedad de clase media. Dónde termina esa emigración también tiene mucho que ver con estas cosas. Le digo a la compañera dominicana que si yo fuera más oscuro en el sur de este país y dominicano sufriría mucho más que si fuera oscuro en Nueva York o judío en Nueva York, y no en Virginia. Yo creo que el problema es mucho más complejo de lo que una fórmula como las aquí propuestas nos pudieran permitir explicar. Asimismo, la enajenación o el exilio permanente de un escritor es muy diferente al de las personas que él describe en su cuento.

EVELYN DE JESUS: Con relación a la pregunta que hace Ramona, yo me lo explico, yo me lo contesto, de otra manera aparte de lo que han dicho los escritores. Los personajes que ellos tienen en sus cuentos son personas que según ellos mismos han dicho, vienen de padres emigrantes o con unos antepasados emigrantes. Yo creo que eso le da una explicación al por qué ellos quizás quieran ir a diferentes sitios y se van a sentir de todos lados. Sin embargo, el personaje de él (Martín) yo pienso que es cubano por ambos lados. Sus padres han salido de Cuba, quizás recientemente, pero sus bases anteriores son netamente cubanas. Yo creo que de ahí es que viene la diferencia de ambos personajes y cómo él se emociona y se conmueve ante la bandera cubana sola. Yo creo que la contestación esta ahí para mí.

LUIS CASTILLO: Soy un exiliado económico dominicano inadaptable en este sistema. Siempre he tratado de transportarme lo más que pueda a mi país. A excepción del señor Manrique, que parte de su vida entera como poeta y escritor ha dedicado, como un Quijote, de Colombia a aquí y de aquí a diferentes sitios, he visto que los demás no han expresado si ellos hacen ese aporte a su país. Es decir que hasta qué punto ellos mantienen exiliados a sus pueblos porque tal vez no llegan hasta ellos esos valores que tienen como escritores.

CARLOS RODRIGUEZ: Quizá aquí sería conveniente que cada uno hiciera un comentario si quiere. La pregunta es sobre el aporte que hacemos nosotros como escitores a nuestros países de origen, lo que él ve claro en Manrique por el hecho de que viaja de acá a allá.

JAIME MANRIQUE: Yo creo que la situación mía es muy simple. Yo vine aquí cuando era un muchacho. No vine aquí porque quería venir sino porque mi mamá me dijo: "nos vamos para los Estados Unidos." Llegamos aquí. Yo no decidí nada ni de exiliado ni de inmigrante, ningún cuento. Simplemente me trajeron en contra de mi voluntad. Y no sé. A veces me preguntan, sobre todo los gringos, ¿por qué tú escribes en inglés cuando todos los grandes escritores de la actualidad escriben en español? Yo no sé por qué. A veces escribo en español y a veces en inglés. Los latinoamericanos a veces me preguntan, ¿no crees que es una traición escribir en inglés cuando eres latinoamericano? Para mí no es ninguna traición. Simplemente yo cuando llegué aquí no dominaba el español. Yo era un muchacho. Yo no tenía ningún dominio de mi lengua. Nadie lo tiene a los 17 años. Tuve que aprender inglés para poder sobrevivir aquí. Y eventualmente se me creó todo un lío en la cabeza y unas veces hablo una cosa y otras veces la otra. Yo no tengo ningún control acerca de este asunto. Si quisiera realmente nada más hablar en español y expresarme en español tal vez tendría que regresar a Colombia o a otro país de habla hispana. Y lo he hecho en algunas ocasiones y siempre acabo regresando aquí. Es como dijo José. Realmente todos vivimos expulsados desde el principio y una vez que perdimos ese paraíso no se puede recuperar. Yo no le veo ninguna solución al problema.

JOSE KOZER: Lo que me parece peligroso en la pregunta es la palabra aporte. Yo no sé qué pueda aportar yo. Yo no sé si mi poesía aporta nada. Yo no puedo tomarme la atribución. Yo no puedo decir: "yo le aporto a mi país." Eso lo tiene que decidir el tiempo. Es muy peligroso plantear una función de lo que uno puede aportar. Yo francamente no sé que es lo que puedo aportar. Ahora, en el caso del cubano que no vive en Cuba, la cosa se complica. Hace poco me llegó un estudio que se está haciendo donde un cierto señor que es un traductor importante en este país con una beca norteamericana fue a Cuba a entrevistarse con la intelectualidad cubana. Su asunto era lo que nosotros hacemos acá con respecto a Cuba: comó se recibe o si se podrá recibir, etc. Bueno, las respuestas según este informe (y las creo) son feroces. Esta gente, la gente en Cuba, allá dice simplemente que lo nuestro es inaceptable. Además, eran unas respuestas ofensivas, donde Reinaldo Arenas es tratado como "mariquita", donde sobre Cabrera Infante se habla de que tiene un órgano sexual pequeño, donde se llama a Heberto Padilla un alcohólico, y a mí como no tenían por donde agarrarme mucho porque no me han visto en cuero, pues, dijeron que yo era un israelita (I'm not offended). ¿Entiendes? O sea, que el caso cubano es el caso cubano. El caso dominicano es el caso dominicano. Y cada caso tiene su peculiaridad y su tristeza y su dificultad. Ahora lo del aporte sí que no nos corresponde como escritores.

NORA GLICKMAN: Pues, yo estoy de acuerdo con él en cuanto a lo inadecuado de clasificar a una persona. Me parece que nos encasillaríamos y sería presuntuoso de nuestra parte el hablar de aporte. Lo que sí importa es, no tanto como yo vea a Argentina o Argentina me vea a mí, sino como me veo yo aquí en Nueva York, con el grupo latinoamericano. Es decir dónde entro yo, para quién leo, quién me lee, a quién ves, quiénes somos nosotros que estamos en este mismo lugar, por ejemplo, que estamos haciendo esta charla hoy. Eso para mí es más importante. Por eso yo hablaba de guiones que no podemos separar. En cuanto a lo cultural, pues, más que lo cultural de uno, hay que ver lo común que tenemos todos juntos. Esto que se está formando me parece que es único. Esto es lo que vale. Para mí ahora ya la Argentina es más Gardel. Es más mito que otra cosa. Al pricipio sí que pensaba regresar. Y aquí estoy. Todo me sugiere que es imposible volver a un lugar que se dejó. Pero aquí estamos nosotros: Ahora me parece que eso es lo que cuenta.

MANUEL MARTÍN: Yo creo que, en mi caso, yo a lo que aspiro como escritor de teatro, como dramaturgo, es que los personajes que yo cree sean tan humanos que alcancen y lleguen a todo el mundo, o sea que lleguen a cualquiera, un dominicano, un colombiano, a cualquiera. A mí lo que más gusto me da cuando yo tengo una obra es que alguien venga y me diga: "así es como en mi familia" aunque no fuera una familia cubana. O que me diga, "eso pasa en mi familia. Yo me identifiqué con tal y tal cosa", aunque la obra sea en inglés. Muchas veces judíos han venido y me han dicho algo así como: "mira la familia esa era muy parecida a la familia mía", y yo que me creía que era una familia tan particularmente cubana. Cuando uno escribe, cuando uno empieza a crear, nunca piensa: voy a dirigirme formalmente a Cuba o voy a dirigirme a tal. Yo no sé, eso sale de adentro, una cosa visceral. Tú empiezas a crear y ya. Es que yo ni siquiera me cuestiono sobre esto. Ojalá que llegue a mucha gente y se pueda leer en Cuba. Yo quisiera que mi madre llegara a ver mis obras, ella que tiene 89 años.

CARLOS RODRIGUEZ: Yo quería hacer un comentario sobre este asunto también. Este tema se ha tratado mucho en la literatura y en las actividades de escritores puertorriqueños, sobre todo cuando se trata de escritores puertorriqueños que escriben en inglés. Es con respecto a la palabra que se usó ahora, "encasillar", adonde pertenecemos, etc. Después de todas las discusiones a las que he asistido, creo que el único remedio que nos queda es seguir escribiendo, tratar de hacerlo lo mejor que uno pueda. Y como dijeron aquí, ya el tiempo dirá. Pero no se debe escribir con la idea de que uno está aportando, de que uno va a pertenecer o no va a pertenecer, porque ya eso te crea una serie de ansiedades que te van a impedir hacer ese aporte si es que es un aporte. Sencillamente, el deber nuestro es escribir, es trabajar, y que sea lo que sea.

BEATRIZ RIZK: Yo quisiera hacer un comentario acerca de toda esta cuestión de la inmigración. Siempre que estudiamos la inmigración, el exilio, pues estudiamos la parte de los exiliados, los que voluntariamente o no voluntariamente van a otro país. Pero yo creo que en este caso es muy importante estudiar cuál es la sociedad receptora que nos cobija a todos. Nosotros nos sentimos siempre como exiliados y como marginados. Es porque esta sociedad está hecha de tal manera que, por ejemplo, las luchas étnicas casi han suplantado la lucha de clase. La gente se identifica fuertemente con su carácter propio, con su identidad étnica, y esto, en esta sociedad que ha creado una nueva raza, que es la raza hispánica, entonces hace que nosotros nos sintamos minorizados. Pues pertenecemos al grupo de los "spiks", querramos o no, y somos diferentes a la clase receptora y a la sociedad del "mainstream". O sea, yo creo que no importa de dónde vengan los abuelos, que sean chinos, ni japoneses, ni colombianos, ni hispanos, ni lo que sean. Al dar el paso a este país, al sentirnos nosotros a medida que van pasando los años, que pasan 20 años, nos sentimos más mal que bien. De todas maneras nos damos cuenta de que estamos fuertemente identificados con nuestros grupos étnicos. Dentro de la sociedad tampoco estamos mejor. Dentro de la sociedad total no estamos mejor que hace 20 años. Yo creo que nosotros seguimos ocupando el lugar más bajo en la escala social en Estados Unidos. Yo creo que es importante siempre en la inmigración y en el exilio mirar la clase de sociedad que es receptora. Pues el del judío en América Latina es otro fenómeno totalmente diferente al del latinoamericano en Estados Unidos.

WILLIAM ROSA: Yo tengo un comentario y una pregunta. El comentario primero. Yo considero que está bien que uno se sienta planetario y todo lo que uno quiera. Sin embargo, hoy estamos hablando del latino y de la familia hispana en los Estados Unidos. Yo no puedo arbitrariamente poner uno más uno juntos en este caso. Si hablamos de la familia hispana en los Estados Unidos, entonces yo no puedo sentirme planetario. Yo soy latino primero. Luego, pues, pertenezco a un país más pequeñito, uno más pequeño que es el pueblo y así sucesivamente. Pero no puedo sentirme tan grande como planetario. Yo creo que tenemos que arraigarnos en algún lugar y ese lugar para mí, en mi caso, es Puerto Rico. Mi pregunta es ésta. La mayor parte de los estudios sociológicos en los Estados Unidos dicen que la familia norteamericana está en crisis. Yo les pregunto a los panelistas: ¿la familia latina en los Estados Unidos está en crisis también?

TANIA LEON: Yo quiero hacer énfasis en la cuestión planetaria que yo planteé. Lo que planteo es lo siguiente. Yo nací en Cuba de todas esas mezclas que mencioné. Llego a este país, pero me siento exiliada. Me siento extraña ante muchas situaciones que confronto con mi propia gente, de mi propio patio. En mi propio patio se dice que no hay discriminación racial. Sí la hay. En mi suelo, en mi propio patio, se habla del problema entre la mujer y el hombre. Yo soy mujer. Yo soy prieta. Yo escogí cosas que de acuerdo a mi fisonomía no eran consideradas para mí. En mi propio país, cuando yo dije que yo quería hacer música clásica, fue un fenómeno. Vengo aquí y confronto una serie de situaciones extraordinarias. Quiero decir que yo voy a trabajar a Harlem y confronto conflictos con gente de mi propio color en Harlem porque yo vengo de Latinoamérica. O sea, sencillamente que es un confrontamiento total que a mi manera de ver ya me desarraiga de las cosas latinas. Se trata de una cosa más humana, de humano contra humano ya sea en lo social, ya sea en lo racial, ya sea en la creencia. Entonces me digo, bueno, ¿y a dónde pertenezco yo? En mi patio me siento en conflicto. Voy a otro lugar y me siento en conflicto. Voy a ir al Asia y voy a estar en conflicto. ¿Qué pasa, pues? Ya me doy cuenta de que tengo conflictos a nivel terrestre.

BENJAMIN ALVARADO: En realidad aquí todos gozamos de mala fama porque no nos hemos preocupado, nadie se ha preocupado, de hacer algo que nos eleve, que nos eduque. Por ejemplo, en lo que corresponde a mi país, la mayoría de los que vienen y se quedan aquí (que son miles) son personas que no han llegado a terminar la escuela primaria. Han hecho un segundo curso preparatorio, tercero, o han llegado a cuarto. Son mecánicos, carpinteros, etc. En todo caso, vienen acá y se quedan por una sencilla razón. Aquí encuentran lo que no tienen allá: un automóvil, un televisor a colores. Vamos a ver los que están aquí, en el lugar; son los que tienen más tarjetas de crédito. Así forman sus hogares y se quedan acá. O se van solos y los hijos se quedan acá. Yo creo que en todos los países sucede lo mismo. Yo creo que por medio del teatro se pueden hacer cosas que realmente beneficien a las distintas comunidades. Yo vi, por ejemplo, una obra que se llamaba *El Super*. Creo que es cubana. En realidad él sufre todos los quehaceres del "super" y aquí todos están sufriendo lo mismo. Ahora, el caso es que cada uno hace lo que quiere hacer. Por ejemplo, aquí la señora habla de su color, pero en todas partes ha triunfado. ¿Por qué? Porque no se ha impuesto el color. No importa eso. Es una realidad. ¿Para qué nos vamos a quejar de nuestra mala situación? Cada cual la tiene. Se queja; se siente discrinada en su medio. Eso es un problema. Ahora, en lo que yo pueda conocer a mi país, a los colombianos que están acá (hace algunos años que yo voy y vengo), veo que muchos han progresado. Se han dedicado a progresar. Dentro de la misma colonia hay unos amigos que han progresado, que han trabajado honorablemente. No lo han conseguido en mala forma. Y se les critica que no se quieran revolver con los otros. Pero cómo se van a revolver esos señores con los colombianos que en la época del verano están en la calle tomando cerveza encima de los automóviles. Hasta se tiene que quejar el vecindario de lo mal que se comportan. Hablo de mi país. Creo que con los demás países sucede lo mismo. Me parece que esto es buen material para obras de teatro. Se debe escribir algo, en realidad, sobre cómo es el inmigrante, cómo llega, por qué llega. En verdad, estamos exiliados económicamente de nuestros países.